prometeo
libros

prometeo
libros

REPENSAR LO POLÍTICO

Ricardo Camargo

Repensar lo político
Hacia una nueva política radical[*]

[*] Este libro emana de una investigación Fondecyt Regular 2014 (proyecto n° 1140901).

prometeo
libros

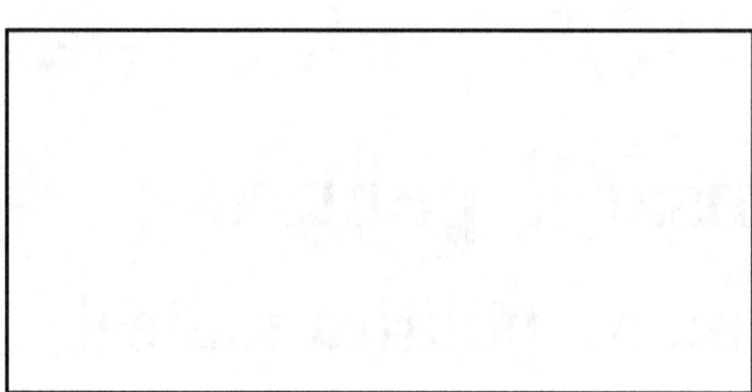

Índice

Prólogo...9

Introducción 13

I. La materialidad indecible de lo político:
Žižek y la teoría del acto.. 19

II. Lo político como revolución, acontecimiento y acto:
Un entrecruce entre Arendt, Badiou y Žižek................. 47

III.- La emergencia de lo político:
Una crítica desde Badiou y Žižek al constitucionalismo liberal 61

IV. El atrapamiento de lo político:
Una crítica a la idea de cambio emancipador en Michel Foucault... 79

V.- Articulación y asalto, los dos momentos de lo político:
Laclau, Žižek y Foucault en debate............................ 93

VI.- Lo político de la multitud:
Una crítica a Negri y García Linera 117

VII. En pos de lo político:
Del hombre uni-dimensional en Marcuse a la multitud en Negri .. 137

Excurso:
La revolución estudiantil chilena del 2011 157

Bibliografía 167

Prólogo

Este libro nace al calor de dos coyunturas diferentes, pero complementarias. La primera es de carácter teórico y refiere a los esfuerzos por acuñar una distinción, a saber, lo político como diferente de la política. Como se advertirá a lo largo del libro, se trata de una distinción originada en debates que han tenido lugar en la academia anglosajona y europea continental. En tal sentido, pareciese que mirado desde Latinoamérica, en donde este libro fue escrito y donde se publica, dichas disputas no pueden evitar generar una cierta suspicacia, muy propia del que habita un territorio permanentemente objeto/sujeto de saberes colonizadores. Se trata de una desconfianza válida que el libro no intentará en nada aplacar. Lo que si hará, es reconocer desde el comienzo una cierta opacidad en el tratamiento de dispositivos teóricos que fueron pensados para otros terrenos. Esto, sin embargo, lejos de intentar evitarse —como si fuera un problema— se atesorará, movido por el convencimiento de que dicho desajuste de traducción/recepción es indicativo de aquello que lo político intenta precisamente nombrar, sin nunca terminar de aprehender totalmente. En efecto, lo fallido del dispositivo de nombramiento de lo político (y la política) se devela con más claridad en sus traducciones, usos y recepciones, pues es allí donde sus enfoques se descentran y las miradas que se ofrecen a través de ellos se revelan muchas veces antojadizas, estériles o incompletas. Hay siempre, si se quiere, una lectura sintomática a decir de Althusser que acompaña a toda escritura, pero es en la traducción, asimilación y recepción de las teorías en donde dicha lectura se vuelve principal al texto que la recoge. *Repensar lo político* tiene dicha tensión anidada en sus páginas.

La segunda de las coyunturas que explican este libro es más evidente, aunque no por ello más consistente. Se trata de un momento político singular que tiene lugar el 2011 en Chile: la movilización social por la educación pública, más grande y masiva que haya acaecido desde el retorno de la democracia post-Pinochet en 1990. De repente, pareció como si –desde la nada– una cierta noción material de lo político que hasta entonces –mirado desde Chile– solo habitaba como polémica intelectual la academia anglo-americana-europea, se revelara como acontecimiento material y constituyente. Los textos que configuran *Repensar lo político* son frutos de la energía emanada de dicha coyuntura movilizadora. Aunque no son "textos de batalla", ni mucho menos partidistas, sí son intervenciones –clases y conferencias– militantes, pensadas y escritas desde la coyuntura. Pero, aunque parezca paradójico, no son textos escritos para la coyuntura, ni siquiera buscan ser leídos por los protagonistas chilenos de dichas movilizaciones. Más bien, son textos pensados para el día después, cuando la coyuntura cesa y sus efectos decaen, y donde la exigencia de lo explicativo se revela con más urgencia –que es precisamente lo que ocurre hoy día. Si hay algo perentorio es pensar lo universal de una coyuntura particular, cuestión que evidentemente poco interesa a los encargados de administrarlas. Lo que reveló la movilización social del 2011 en Chile fue el hecho de que la noción estrecha de la política –como administración– no basta o se muestra estéril en su esfuerzo por capturar la novedad. Pero tampoco una determinada nominación de lo político apareció clara y distintivamente dibujada al calor de dichas movilizaciones. Lo que se engendró más bien fue una paradoja: es cierto que las avenidas de las capitales se llenaron como nunca de gente multicolor que bregaba "contra-hegemónicamente" por otra educación: pública, gratuita y de calidad. Pero también es cierto que los centros comerciales siguieron como siempre atestados de consumidores ávidos por adquirir los últimos modelos de los *smartphone* que abundan los mercados "libres" del Chile actual. Una paradoja que nutrió centralmente las intervenciones teóricas que aquí se ofrecen, traducidas en la tensión perenne entre lo político como novedad y la política como administración.

Como nota final, valga reconocer la deuda intelectual que este libro tiene con todos los autores con los que en sus páginas se discute, en especial con Ernesto Laclau, fallecido recientemente, cuyas ideas han sido siempre interpeladoras –algunas de las cuales son objeto de análisis y probablemente de distorsión en este libro. También la deuda es con muchos colegas y estudiantes que conocieron y debatieron algunos de estos textos, tanto en Chile como en Argentina. En particular, mi reconocimiento y agradecimiento a los alumnos y ayudantes de la cátedra de Teoría Social de la Facultad de Derecho de la Universidad de Chile, donde muchas de estas intervenciones se pensaron o tuvieron lugar. Se trata –como se advertirá– de intervenciones analíticas, pero también programáticas y polémicas, constitutivas ellas mismas de una disputa por aprehender lo político. Todas las equivocaciones son por cierto responsabilidad exclusiva de este autor.

Ricardo Camargo
Buenos Aires, Junio 2014.

Introducción

La distinción entre la noción de "lo político" y "la política" ha adquirido recientemente gran relevancia en la filosofía continental y anglosajona. A decir de Oliver Marchart (2009: 13), se trata de una categorización que, a pesar de tener origen en el trabajo canónico de Carl Schmitt, *El Concepto de lo político* (1927), solo alcanza su consagración disciplinaria recientemente. Como ejemplo de ello, podemos mencionar la creación de la cátedra de "Historia moderna y contemporánea de lo Político" en el *Collège de France* en 2001, que inaugura Pierre Rosanvallon (2003). Otra expresión de dicha recepción institucional de la noción de lo político, esta vez en Alemania, es la admisión en diccionarios históricos recientes de la nominación *das Politische* (lo político) (Sellin, 1978; Vollrath, 1989). A su vez, en el mundo anglosajón, el concepto de lo político ha sido últimamente materia de abundante discusión académica como atestiguan los trabajos de Beardsworth (1996); Dillon (1996); Stavrakakis (1999); Arditi y Valentine (1999); Williams (2000) y del propio Marchart (2009). En Chile, finalmente, cabe mencionar los trabajos compilados en la Revista *Actuel Marx* N° 3/Primer Semestre de 2005, como ejemplo de esta tendencia.

Ello no significa, sin embargo, que la denotación asociada a lo político, como diferente de la política, entendida esta última como 'el ordenamiento u organización de la existencia humana', como lo ha sintetizado Chantal Mouffe (1999: 14), haya quedado homogéneamente fijada. Más aún, desde su formulación más explícita con Schmitt, que define a lo político como "la distinción política específica a la cual los motivos y acciones políticas pueden ser reducidos", que para Schmitt no es otra que "la relación entre amigo y enemigo" (1996: 26), la noción de lo político ha tenido una adscripción de significados muy heterogéneos. Tanto en la obra de Paul Ricœur (1965), Philippe Lacoue-Labarthe y Jean-Luc Nancy (1997), Claude Lefort (1988), Alain Badiou (1985; 1998; 2002) y Jacques Rancière (2007), para nombrar solo a los autores llamados post-heideggerianos de izquierda en Francia, lo político ha significado cosas tan dispares como racionalidad lógica, esfera pública, acontecimiento indecible o el borde del abismo.

Pero, si lo político alude a significados tan dispares ¿cómo es posible siquiera que haya surgido como categoría válida y diferenciada de su noción rival, la política? O si se prefiere ¿qué explicaría que su emergencia tenga lugar, a pesar de las diversas y a veces contradictorias connotaciones asociadas a su nombre?

Una pista para encontrar respuesta a estos interrogantes lo da el marco explicativo que se ha usado para pensar la "emergencia de lo político" por parte de la filosofía contemporánea. Este marco ha destacado la idea de que dicha noción de lo político habría surgido a consecuencia del advenimiento de una "constelación posfundacional", entendida como un nuevo paradigma explicativo de lo social, como lo sostiene Oliver Marchart (2009). En efecto, Marchart ha defendido la tesis que explica que la emergencia de lo político tendría más que ver con la insuficiencia de la política en cuanto categoría fundante de la sociedad, que con la nitidez conceptual supuestamente asociada a lo político. Lo político sería así, más bien, el síntoma de la imposibilidad de la política para producir una equiparación total entre el registro ontológico de lo social y su expresión óntica, esto es, entre lo que lo social *es*, más allá de sus determinaciones históricas contingentes, y lo que terminaría *siendo*, cuando dichas determinaciones están presentes. Es dicha brecha entre lo ontológico y lo óntico, lo que explicaría que el ordenamiento institucional y las prácticas "políticas" establecidas en torno a él, esto es, la política realmente institucionalizada, requiera, a decir de Marchart, un suplemento "para [dar cuenta de] la dimensión infundable de la sociedad" (Marchart 2009: 22). Se trata, sin embargo, valga precisarlo, de un suplemento que no se constituye a sí mismo como un nuevo fundamento, al menos no como un fundamento definitivo de la sociedad. En palabras de Marchart se trataría de un "fundamento suplementario [que] se retira en el "momento" mismo en que instituye lo social" (Marchart 2009: 23).

Ahora bien, para esta lectura –en tal sentido posfundacional– lo que explicaría la emergencia de lo político, sería aquello que las distintas connotaciones asociadas a dicha noción de lo político comparten, a saber: la imposibilidad de establecer un ordenamiento social definitivo. En efecto, lo que subyacería a las diversas teorizaciones sobre lo político sería la expresión de una carencia fundamental y constitutiva, localizada al centro de la noción rival de la política, lo que le impediría a ésta presentarse como una totalidad absoluta. Más aún, de lo que en verdad estaríamos hablando no es solo de una carencia constitutiva, sino también de una carencia obliterada por ciertas concepciones totalizantes y/o naturalizadas de la política, que hacen del olvido del momento originario de la institución de lo social, esto es, del olvido de lo político, su rasgo más idiosincrático.

A *contrario sensus*, la emergencia de lo político en la filosofía política contemporánea, estaría, a su vez, estrechamente asociado a la crisis de los paradigmas fundacionales totalizantes, que uno podría rastrear tanto en la subversión posestructuralista del signo en la lingüística estructuralista, en la primacía (vía la noción de lo Real) del significante sobre el significado en el psicoanálisis lacaniano, así como en la crítica al marxismo esencialista de la segunda internacional efectuada mediante la extensión de la noción de hegemonía de Gramsci –tarea llevada a cabo por Ernesto Laclau y Chantal Mouffe en *Hegemonía y Estrategia Socialista* (1985). De esta forma, lo político, buscando escapar de la invisibilización a la que le ha condenado un cierto tipo de política fundacionalista, vendría –mediante su irrupción– a mostrar,

> "–en el sentido en que Wittgenstein decía que lo que no se puede decir se puede *mostrar*–" el momento indecible de lo social, "los límites de toda objetividad" (Laclau y Mouffe 2004: 169).

Pero si lo político en esta lectura es el *mostrar* lo indecible. Esto es, si es a la vez, la instauración de lo social y la expresión de los límites que constituyen dicha objetividad social. O si prefiere, si es la condición de posibilidad de la fundación de lo social (que la política tiende a olvidar) y la condición de imposibilidad de su cierre definitivo (que la política tiende a afirmar), entonces, las preguntas que ahora surgen son las siguientes: ¿cómo tiene lugar dicho mostrar? ¿Se trataría tan solo de un proceso deliberativo *à la* Arendt, o es más bien una relación antagónica *à la* Schmitt? Más aún, ¿podría ello —el mostramiento de lo político— proveer de nuevas bases teóricas y políticas para repensar una (nueva) política emancipadora para los tiempos que corren?

Este libro presenta un conjunto de reflexiones, cuyo propósito común ha sido precisamente extender las rutas hasta ahora avanzadas por la filosofía política contemporánea como respuesta a las preguntas antes reseñadas.

En tales intervenciones, la línea de indagación en torno a la noción de lo político que se ha seguido no adscribe a la habitual división a menudo sustentada en la literatura (Marchart 2009: 59-67), entre, por una parte, aquellos autores que han entendido lo político, o el momento de lo político, como una práctica asociativa original, esto es, una práctica de "pactos primitivos, 'coasociaciones' y confederaciones", regidos por el "principio federal, el principio de la liga y alianza entre unidades independientes" que surgen de "las condiciones elementales de la acción misma", como lo ha defendido Hannah Arendt (1988: 369-370; también Vollrath 1995: 48; Connolly, 1991; 1993; 1995; Honing 2001; y Tully 1989; 1995). Y, por otra parte, la sostenida por otro grupo de autores quienes han defendido el carácter disociativo que tendría lo político, y cuyo representante por antonomasia es Carl Schmitt, pero donde también se inscribirían ciertamente Mouffe (2007: 27), Ernesto Laclau, y probablemente Slavoj Žižek. Por el contrario, la línea argumentativa de las intervenciones que aquí se presentan busca trazar una relación más productiva entre lo antagónico y lo deliberativo, como dos momentos mutuamente contaminados y constitutivos de lo político; dos instancias que se suplementan —en un sentido derrideano—, de tal forma que no podrían existir sin dicho suplemento.

En tal sentido, este libro intentará re-pensar las tesis polémicas, innovadoras y sugerentes que a este respecto han desarrollando, siempre en lectura mutua, autores como Slavoj Žižek, Ernesto Laclau, Chantal Mouffe, Alain Badiou, Michel Foucault y Antonio Negri, quienes integran lo que podríamos llamar 'la nueva corriente' del pensamiento político radical contemporáneo.

Más aún, es en la exploración de esta nueva corriente de pensamiento en donde las intervenciones que aquí se presentan juegan su apuesta de originalidad. Pero sobretodo, juegan también la posibilidad de lograr expandir teórica y prácticamente los límites de lo político, y sentar así las bases para pensar, o al menos imaginar, una nueva política emancipadora.

I. La materialidad indecible de lo político: *Žižek y la teoría del acto*[1]

Uno de los esbozos teóricos contemporáneos más singulares que busca capturar lo específico de lo político, es la teoría del acto formulada por el filósofo esloveno Slavoj Žižek. La teoría del acto es probablemente el más promisorio, pero también el más controversial esfuerzo teórico que lleva a cabo Žižek por pesquisar lo verdaderamente distintivo de lo político[2]. Es promisorio porque intenta repensar la pregunta de ¿cómo surge un acto propiamente político? Un interrogante que habitualmente ha sido respondido afirmando una radical oposición entre un plano óntico y otro ontológico, o entre ser y acontecimiento como lo sugiere Alain Badiou[3]. Por el contrario, Žižek va a insistir en visualizar un acto propiamente político como una tensión o curvatura que se produce *dentro* de un solo plano ontológico. Si su fórmula es plausible, Žižek lograría un imposible, i.e., afirmar una novedad radical, una irrupción simbólicamente discontinua, sin recurrir a un plano de trascendencia, esto es, acuñando una novedad propiamente materialista.

---

[1] Una versión previa fue publicada como "Slavoj Zizek y la teoría materialista del acto político". *Revista de Ciencia Política* 31, 1 (2011): 3-27.

[2] Los aportes de Žižek a la teoría política son variados, destacándose en su primera etapa –aquélla que Sharpe y Boucher (2010: 24) llaman la etapa del "Žižek radical democrático" o Z1– el desarrollo de una original teoría lacaniana de la ideología y del sujeto, véase Sharpe y Boucher (2001: Capítulos 1 y 2); véase también Pfaller (2005: 105-122). Es, sin embargo, en la etapa que se extiende desde 1996 en adelante, desde el texto *The Indivisible Remainder* (1996), cuando Žižek comienza a explorar lo distintivo del acto político de una manera absoluta, esto es, no circunscrito a ningún marco teórico pre-establecido, como el ofrecido por la democracia (radical). Es el tiempo más polémico de Žižek, el que le ha abierto un constante flanco de críticas, véase por ejemplo Sharpe y Boucher (2010: 25); Devenney (2007: 45-60); Marchart (2007: 99-116).

[3] Badiou (2005a) meditation 17: 178-179.

Pero también, sin duda, se trata de una teoría controversial. En parte debido a los ejemplos a los que acude Žižek para ilustrar la idea del acto propiamente político.[4] En parte también, debido a los comunes malentendidos a los que su teoría ha dado lugar. Y en parte, finalmente, debido a las complejidades y desafíos envueltos en su reflexión.

En lo que sigue, pesquisaré el trazado genealógico de la teoría del acto de Žižek. Lo que se intentará será hacer una reconstrucción de los principales componentes teóricos conceptuales que constituirían la teoría del acto político en la obra de Žižek. En seguida, me concentraré en las consecuencias políticas y teóricas más controversiales que se derivarían de esta teoría.

Un acto propiamente político, (es), un acto propiamente materialista

La noción del acto en Žižek, como ocurre con muchas de sus tesis, no se establece sistemáticamente, si no que va dejando ver sus trazos en la medida que entra en disputa con las nociones rivales que busca enfrentar. Más aún, a veces pareciera que Žižek formulara sus teorías *debido a* las polémicas (teórico-políticas) en las que a ratos se concentra. De allí que, a desafección de muchos de sus críticos y/o comentaristas que buscan en su obra un cuerpo teórico absolutamente integrado en la forma de un tratado filosófico clásico, lo que Žižek en verdad ofrece es un conjunto de intervenciones inspiradas en algunas de sus premisas fundamentales, las que intenta siempre defender en situaciones concretas, a riesgo a veces de parecer contradictorio.[5] Una de estas premisas o axiomas básicos del esfuerzo teórico-político de Žižek es su concepción materialista de ontología, postulado en oposición al idealismo 'suplemen-

---

[4] Žižek recurre a innumerables ejemplos tomados no solo de la política, sino también del cine. Entre los primeros destaca su alusión a la abolición de la pena de muerte durante el gobierno de Mitterrand en Francia y la adopción de la ley de divorcio en Italia (Žižek 2000a: 122). Entre los ejemplos del cine cabe mencionar la escena en que Kevin Kline declara durante su ceremonia de matrimonio: "Soy Gay" en vez de "Acepto", que se exhibe en la película *In and Out* (Žižek 1999a: 134). Véase a este respecto los comentarios de Butler (2005: 66-67).

[5] En ello, Žižek se asimila curiosamente mucho más a Lenin y Lacan que a Marx y Hegel.

tario' que acompañaría –en juicio de Žižek– subrepticiamente a muchos de sus compañeros de ruta[6]. En efecto, esta es la disputa, por ejemplo, que está en verdad de fondo en la crítica que hace Žižek a los autores post-marxistas franceses, los que en opinión de Žižek, autonomizarían radicalmente la política de la economía, dando lugar a una "política" pura (Žižek y Daly 2004: 145)[7]. Refiriéndose, por ejemplo, a Badiou, Žižek afirma:

> "En Badiou, la raíz de esta noción de 'política' pura, radicalmente autónoma con relación a la historia, la sociedad, la economía, el Estado, incluso el Partido, se encuentra en su oposición entre Ser y Acontecimiento –aquí es donde Badiou sigue siendo un 'idealista'"(Žižek 2002: 272).

Ahora bien, esta premisa materialista es un postulado con el cual Žižek es completamente coherente a lo largo de toda su formulación de la teoría del acto, la que se encuentra desplegada en distintos pasajes de su obra. Ello a pesar de que muchos de sus comentadores han insistido que en su formulación de la noción del acto Žižek a menudo "dice una cosa y su opuesto… sin mucha preocupación por la consistencia" (Marchart 2007: 100). Más aún, que la radicalidad de su teoría del acto estaría explicada, en parte, por lo que Žižek siempre omite de su reflexión, a saber: las fuerzas comerciales e institucionales que la hacen posible y que lo han convertido en un intelectual superstar y superventas (Bowman y Stamp 2007: 7). O en el mejor de los casos que su teoría sería muy sugerente al nivel del diagnóstico pero muy vaga al nivel de la prescripción, del qué hacer (Critchley 2007: xv). O si se prefiere, que existiría en su obra una "tensión" entre un nivel descriptivo y uno prescriptivo de análisis (Johnston 2007a: 43 y 47). Esta tensión se expresaría en la aparente contradicción existente entre, por un lado, la crítica que Žižek hace a la tesis de la *creatio ex nihilo* del Acontecimiento en Badiou, esto es, la idea

---

[6] El carácter suplementario referido, es el que alude Jacques Derrida en *Of Grammatology*, Parte Segunda, véase al respecto el comentario de Gasché (1986: 205-212).

[7] Žižek se refiere con esto no solo en verdad a autores franceses como Alain Badiou y Étienne Balibar, sino también a autores contemporáneos no franceses pero que han defendido la tesis de la autonomía radical de la política, como Ernesto Laclau y Chantal Mouffe, véase Žižek and Daly (2004: 144-145).

de que el Acontecimiento se *crearía desde la nada* (Žižek 2001: 112-113; Žižek 2002: 325, nota 122), y por otro lado, su adscripción a la tesis badiouiana de la no-conexión explicativa entre un acontecimiento y la situación/mundo en la que el acontecimiento se origina (Žižek 2001: 112-113; Žižek y Daly 2004: 136-137).

Estas críticas aunque infundadas, me parecen útiles como guías para entender lo que está en verdad en cuestión en la teorización de Žižek. La pregunta relevante al respecto es la que sigue, ¿resulta posible sostener una noción de acto que, asegurando su novedad radical, mantenga intactas, sin embargo, sus conexiones con el registro simbólico, esto es, con la realidad desde donde emanaría? En otras palabras, ¿es posible para Žižek negar el origen *ex-nihilo* del acto y al mismo tiempo sostener que este no puede explicarse apelando al orden simbólico que el acto transforma? La relevancia de la posibilidad abierta por estas preguntas, como se advierte, no es solo teórica, a saber: la posibilidad de una ontología materialista radical, sino también eminentemente política: la posibilidad de una militancia no solo *post* sino también y fundamentalmente *pre* acontecimiento.[8]

En efecto, desde un comienzo la teorización de Žižek sobre el acto pareciera inspirada en la defensa explícita de dichas posibilidades, teóricas y políticas. Cuando, por ejemplo, se refiere a las razones por las que se opone a una cierta tradición de concebir el acontecimiento en la filosofía contemporánea, como la gestada en los trabajos de Heidegger, Deleuze y el propio Badiou, Žižek despliega sus argumentos teniendo siempre presente como punto de crítica, la tesis materialista del acontecimiento. Dice Žižek:

> "Me parece que lo que estos tres filósofos tienen en común, –aunque en niveles totalmente distintos– es precisamente esta irreductibilidad del acontecimiento a algún orden positivo del ser" (Žižek y Daly 2004: 135-136).

Se trata de una irreductibilidad que –Žižek observa– Deleuze desplegaría en *Lógica del Sentido*, en la oposición entre un "ser impenetrable

---

[8] Un política pre-acontecimiento es uno de los puntos centrales de la crítica que hace Johnston (2007a: 46) a Badiou y extensivamente también a Žižek.

oscuro sustancial…y el devenir del acontecimiento en el sentido" (Žižek y Daly 2004: 135). De la misma forma dicha irreductibilidad se expresaría nos dice Žižek, en la obra tardía de Heidegger, en su tesis de la destinalidad del ser como acontecimientos puros, los que a su vez no podrían ser observados, insiste Žižek, sino como "ocurrencias abismales, sin una causa…los que no serían reducibles a un orden óntico historicista" (Žižek y Daly 2004: 136). Y finalmente con la lectura polémica que Žižek hace de la noción de acontecimiento en Badiou; nos dice Žižek:

> "[…] la idea [en Badiou] es que el acontecimiento es algo que emerge de la nada. Existe en la realidad positiva del ser lo que Badiou llama *site événementielle*, el sitio potencial del acontecimiento, pero el acontecimiento es, digamos, un acto autónomo abismal, que se fundamenta a sí mismo. El acontecimiento no se puede derivar de, ni reducir a, un determinado orden del ser" (Žižek y Daly 2004: 136).

Frente a estas nociones de acontecimiento, Žižek no tiene duda en oponer su programa teórico-político materialista:

> "El problema materialista es cómo pensar la unidad del ser y el acontecimiento […] cómo un acontecimiento puede emerger desde el orden del ser…es decir, cómo el orden del ser tiene que estar estructurado de forma tal que algo como un acontecimiento sea posible" (Žižek y Daly 2004: 137).

Este cambio de perspectiva ha conducido a Žižek a teorizar el acto siguiendo, "la noción de lo que Lacan refiere como *la doublure*, la dobladura, torsión o curvatura en el orden del ser que abre el espacio para el acontecimiento" (Žižek y Daly 2004: 137).

En esto se requiere ser preciso, lo que Žižek tiene en mente no es un acto simbólicamente determinado, o determinable en el orden simbólico, si no uno que, aunque inscrito en el registro simbólico, emerge precisamente en la torsión de dicho registro, más aún, que *es* dicha torsión:

> "Desde el punto de vista materialista, un Acontecimiento emerge 'de la nada' dentro de una constelación específica del Ser —el espacio de un

Acontecimiento es la distancia mínima 'vacía' entre dos seres, la 'otra' dimensión que aparece a través de esta brecha" (Žižek 2002: 272).[9]

Las comillas de la expresión 'de la nada' que usa Žižek aquí son importantes pues califican una condición que no se da *à la* Badiou, esto es, como "lo que es no-ser-*qua* ser" (Badiou 2005a: 173) o lo que es otro-distinto-que el ser, si no como una novedad radical pero que ocurre *dentro* de una constelación específica del Ser (con mayúscula –lo que enfatizaría la ontología materialista). Más aún, Žižek sitúa el espacio del acontecimiento en una distancia mínima 'vacía' (aquí las comillas operan para calificar algo que sí es), la que asimila a la 'otra' dimensión (las comillas ahora calificando dicha dimensión para significar que no está en verdad fuera del Ser) que aparece entremedio de la brecha entre dos seres (con minúsculas, esto es, siendo ambos partes del Ser).

Pero quizás en esto convenga volver nuevamente al punto del acontecimiento como emergiendo "de la nada" dentro de una constelación específica del ser, para precisar que el deslinde que Žižek hace, no es solo en contra de la separación idealista entre "ser y acontecimiento" que él finalmente observa anida en la tesis de Badiou, sino además e igualmente, en contra de los críticos historicistas del origen *ex-nihilo* de la noción de acontecimiento en Badiou.

La crítica historicista ataca dicho origen *ex-nihilo*, por considerarlo "una versión laicizada de la Revelación religiosa a través de la cual la Eternidad directamente interviene en el devenir temporal" (Žižek 2001: 112). La posición de Žižek, sin embargo, en este último punto es mucho más compleja y explícitamente anti-teológica[10]. En efecto, ella apunta a distinguir entre la noción estándar de historia, esto es, "una simple dinámica de despliegue evolucionario" (Žižek 2001: 112), y la noción propia de historicidad, entendida como "aquella tensión entre Eternidad e Historia, los momentos únicos de sus cortocircuitos" (Žižek 2001: 112).

---

[9] Este párrafo es repetido en Žižek (2006: 56), lo que puede ser considerado como una reafirmación de la tesis materialista del acontecimiento, véase a este respecto los comentarios de Johnston (2007ª: 53).

[10] Žižek es explícito en destacar este carácter no trascendente del acto político, por lo que el reproche que Marcus Pound (2008: 75-81) le hace a la teoría del acto de Žižek por carecer de una perspectiva teológica parece fuera de lugar.

Para Žižek entonces, la historicidad propiamente tal no es más que una interrupción, o una torsión o dobladura, para volver a la terminología que toma Žižek de Lacan, del despliegue positivo del devenir evolucionario de los hechos propio de la historia. Más aún, Žižek enfáticamente señala que hay una brecha que por siempre separa ambos registros y en donde no existe ninguna síntesis final posible (Žižek 2001: 112).

En este estado de la reflexión, es fácil advertir por qué Žižek ha sido a ratos presentado en esto como contradiciendo sus pasos y desplegando, paradojalmente, una apología de la separación badiouiana entre ser y acontecimiento (Johnston 2007a: 46-47). Sin embargo, la posición final de Žižek a este respecto es más que coherente. Nos indica Žižek, a propósito de la posibilidad de reconciliación (síntesis) entre historia e historicidad, lo siguiente: "esta 'síntesis' es *ya* el Acontecimiento mismo, la 'mágica' aparición de la dimensión 'nouminal' de la Verdad en el orden del Ser" (Žižek 2001: 112).

Las comillas que acompañan a la alusión de la palabra *síntesis*, son por cierto indicación de que para Žižek no hay en verdad síntesis posible precisamente porque hay acontecimiento, que por su propio carácter de novedad radical (de allí las comillas de la palabra *mágica*) adquiere el estatus de verdad, esto es, de autenticidad en cuanto acto político propiamente tal.

Pero si ello es así, ¿dónde funda Žižek este carácter de verdad en el orden del ser, de "noúmeno", que le atribuye al acontecimiento entendido como corto-circuito de la historia?

El fundamento se encuentra para Žižek en su ontología materialista, que es entendida como una ontología que asume la inconsistencia radical del Todo, expresada en la aceptación de la máxima lacaniana "El Gran otro no existe".[11] El propio Žižek lo expresa, marcando con esto el cierre de la coherencia de todo su argumento:

---

[11] El concepto lacaniano de "gran Otro" no solo designa para Žižek "las reglas simbólicas explícitas que regulan la interacción social, sino también la intrincada telaraña de reglas no escritas e implícitas" (Žižek 2000b: 657). En tal sentido para Žižek la expresión "el Gran otro no existe" significa que las normas explícitas requieren de un conjunto de implícitos que permiten su funcionamiento, pero que al mismo tiempo marcan su inconsistencia constitutiva. Para un análisis detallado de la ontología de Žižek, véase el excelente trabajo de Johnston (2007b).

> "Esta es la diferencia entre idealismo y materialismo: para los idealistas, experimentamos nuestra situación como 'abierta' en la medida que nos involucremos en ella, mientras que la misma situación aparece como 'cerrada' desde el punto de vista de la finalidad, esto es, desde el eterno punto de vista del omnipotente y todo conocedor Dios quien es el único que puede percibir el mundo como una totalidad cerrada; para los materialistas, la 'apertura' opera siempre, esto es, la necesidad no es una ley universal que secretamente regula el juego caótico de las apariencias –es el mismo 'Todo' el que es un no-Todo, inconsistente, marcado por una irreducible contingencia" (Žižek 2006: 79).

Si el Todo es un no-Todo, ¿cuál es, entonces y finalmente, la marca de su irreducible contingencia? Para Žižek la respuesta es una sola: *el acontecimiento* (material), inscrito en el orden del ser, esto es, dentro de la realidad, operando como un cortocircuito en contra de la pretensión de consistencia o "totalidad" del Todo. Un acontecimiento, sin embargo, *es* tal, precisamente porque el Todo es no-Todo, esto es, debido a su inconsistencia originaria –una inconsistencia que el acontecimiento <u>no</u> produce, si no que *es* por ella, más aún, que *es* dicha inconsistencia. Žižek, lo expresa así:

> "La solución materialista es por tanto que el Acontecimiento no es *nada si no* su propia inscripción en el orden del Ser, un corte/ruptura en el orden del Ser en razón de lo cual el Ser no puede nunca ser un Todo consistente. No hay más allá del Ser que se inscribe el mismo en el orden del Ser. No 'hay' nada si no el orden del Ser" (Žižek 2004ᵃ: 107).

Conviene precisar en esto, que la lógica del no-Todo que Žižek aquí despliega, deviene de la fórmula lacaniana de la sexuación femenina. En efecto, en sus últimos trabajos, particularmente en su Seminario XX, *Encoré*, Lacan avanza el concepto del goce (*jouissance*) específicamente femenino. Se trataría para Lacan de un goce que no está adjunto a un objeto de deseo específico, y en tal sentido está "más allá del falo" (Lacan 1975: 69). Más aún, se trata de un goce que se ubicaría en el "orden del infinito" como el goce místico (Lacan 1975: 44), y respecto del cual aunque "la mujer puede experimentarlo, no sabe nada sobre él" (Lacan 1975: 71). A partir de esta caracterización del goce femenino Lacan, en este mismo Seminario XX, avanza su fórmula ya acuñada anteriormente en el Seminario XVIII, de que la "mujer no existe" (Lacan 1970-71: 60), que ahora reformula afirmando que "no hay tal cosa como *La* mujer" (Lacan 1975: 68). Con ello, Lacan quiere significar que *La* mujer carece de universalidad. O como él señala, la mujer opera con la fórmula de un no-Todo (*pas-toute*) (Lacan, 1975: 13, traducción propia), esto es, a diferencia de la masculinidad que es una función universal fundada en la excepción fálica (castración), la mujer es un no-universal, que no admite excepción, y por tal motivo es inconsistente; lo que constituye precisamente el carácter de la ontología materialista de Žižek antes aludido.

En efecto, para Žižek la fórmula lacaniana del no-todo, hay que entenderla como la directa sexuación de la brecha, de la hondura, que acompaña la sexualidad femenina; o como lo ha expresado Žižek, equivale al "gesto de retiro o retroceso femenino en el preciso momento en que ella podría "haberlo tenido todo (de su amante)" (Žižek 1998: 86). En otras palabras, lo que está en cuestión aquí es la no universalidad de la sexualidad femenina, precisamente porque ella no se identifica directamente, como lo hace la sexualidad masculina, con un objeto de deseo (su amante), sino con la brecha que existe entre dicho objeto y el deseo mismo, una brecha que es la marca de la inconsistencia de la satisfacción del deseo. Así Žižek señala:

> "no es que el hombre se caracterice por el *logos* como opuesto al énfasis femenino en las emociones; más bien para el hombre el *logos* como el principio universal coherente y consistente de toda realidad se basa en la excepción constitutiva de alguna X mística, inefable ('hay cosas de las cuales uno no debería hablar'), mientras que en el caso de la mujer, no hay excepción, 'uno puede hablar de todo', y por esa misma razón, el universo del logos deviene en inconsistente, incoherente, dispersado, "no-todo"" (Žižek 1998: 84).

La paradoja de la sexualidad femenina radica, por tanto, en el hecho de que al quererlo todo, sin excepción, termina develando el carácter constitutivamente inconsistente del registro simbólico; el cual no logra dar satisfacción completa a tal goce. Es por ello que el acto en Žižek sigue en alguna medida la lógica del goce femenino, porque es su prosecución (la del acto, y del goce) la que termina develando la inconsistencia del gran Otro al promover su suspensión (Žižek 2000b: 668), esto es, al develar la inconsistencia del registro simbólico que el acto precisamente busca transformar.

Ahora bien, si podemos asumir, en términos generales, al acto como un acontecimiento que existe como inscripción (movida por el goce) en el registro simbólico de una situación dada, como corte/ruptura, en razón de la cual dicho universo no puede nunca ser un todo consistente, conviene que exploremos ahora los rasgos específicos de la genealogía de acto político que es posible pesquisar en la obra de Žižek.

La "imposibilidad" posible del acto político

Un primer rasgo que acompaña la reflexión de Žižek en torno al acto propiamente político es su condición de "imposibilidad", leído desde las condiciones histórico-simbólicas desde donde el acto emerge. Un acto propiamente político –Žižek nos señala–:

> "no ocurre simplemente *dentro* del horizonte de lo que parece ser 'posible' –redefine los propios contornos de lo que es posible (un acto logra lo que, dentro de un universo simbólico dado, parece ser 'imposible', incluso cambia sus condiciones, de forma tal que crea retrospectivamente las condiciones de su propia posibilidad)" (Žižek 2000a: 121)[12].

Su condición de imposibilidad es solo resuelta *a posteriori*, cuando el acto ocurre, es solo entonces cuando el acto inaugura retroactivamente sus propias condiciones de ocurrencia, creando casi "obligadamente" su propia cuna, gestando sus propios progenitores.

---

[12] Mark Devenney, acertadamente ha destacado la similitud de la tesis de la "imposibilidad" del acto de Žižek, con la celebración del acontecimiento de la Revolución de Octubre de 1917 que realiza Gramsci en un texto poco conocido: "The Revolution against the Capital" (escrito en 1917). Allí, Gramsci señala: "El Capital, en contra del cual este acontecimiento ha significado una revolución, no es solo el Capitalismo como un sistema político y económico: es el Capital de Marx, que ha sido superado por un acontecimiento externo a Źla historia, digámoslo así, pero que altera las coordenadas mediante las cuales entendemos la historia [...]", Gramsci (1977: 31), citado en Devenney (2007: 45).

En tal sentido y a propósito de la lectura que Lacan hace de la tragedia de Antígona (Lacan 1992: 243-325), Žižek (2000b: 671-672) ha enfatizado que lo que caracteriza a la desobediencia civil protagonizada por Antígona no es simplemente una desobediencia al derecho público, basada en un *ius* más fundamental que preexistiría y fundaría el acto de desobedecer (eg., el derecho natural). Por el contrario, para Žižek, lo que está en verdad en juego acá es un acto que una vez ocurrido, y precisamente debido a su previa "imposibilidad", no tiene otro camino más que crear *ex-nihilo* un nuevo horizonte de posibilidades. En el caso de Antígona: "a través de la insistencia por dar un [imposible] adecuado funeral a su hermano muerto, ella [Antígona] desafía la noción predominante de lo bueno", y crea una nueva concepción de dicha noción (Žižek 2000b: 672).

Es en este contexto en el cual deben entenderse los singulares y polémicos ejemplos que Žižek utiliza para referirse al carácter "imposible" del acto propiamente político. Por ejemplo, cuando se refiere a la escena en que el gangster Keyser Soeze asesina a su propia familia cautiva por una banda rival, como una respuesta "más radical" –diríamos– frente a la intimidación y sometimiento a la que se veía enfrentado, como se presenta en la película *Los Sospechosos de Siempre* (Žižek 2000a: 122). O la mutilación de los brazos de aquellos niños que habían sido vacunados por los doctores del ejército estadounidenses, practicada por el Vietcong después de que un territorio o villorrio era retomado durante la guerra de Vietnam (Žižek 2004b: 83).

Para ser claro, lo que Žižek parece tratar de significar con estos ejemplos no es una apología de afiebradas y sangrientas *acciones*. Por el contrario, lo que parece destacarse aquí es la idea de que la radicalidad de un acto que emerge desde una situación dada es tal, cuando cambia fundamentalmente dicha situación, o como Žižek lo ha consignado, "solo un gesto 'imposible' de pura gratuidad puede cambiar las propias coordenadas de lo que es estratégicamente posible dentro de una constelación histórica" (Žižek 2004ª: 205).

Volveremos a esta idea de gratuidad del acto más adelante. Por ahora lo que interesa insistir es en el hecho de que la imposibilidad a la que Žižek se refiere se enmendaría a sí misma retroactivamente. Es siempre, por tanto, una imposibilidad entre comillas, esto es, no por su "imposibilidad" (la imposibilidad de simbolizar o aceptar el acto) dejan de ocurrir los actos (Žižek y Daly 2004: 165-166). O como el propio Žižek lo ha afirmado, "los actos son 'imposibles' no en el sentido de que es 'imposible que ocurran' si no en el sentido de que era imposible que *ocurrieran*" (Žižek 2004b: 80).

De esta forma, se reitera el carácter retroactivo y fundante del acto. O si se prefiere, para Žižek (2000c: 141) el punto de nuevo parece consistir en poner la mirada en las nuevas coordenadas (y en el horizonte del ser "(im)posible") abierto por un acto propiamente político que, consecuencialmente, cambiaría incluso el significado mismo de la condición de posibilidad involucrada.

Atravesando la fantasía

Sin embargo, cabe ahora preguntarse si, ¿es suficiente para caracterizar un acto propiamente político esta condición de "imposibilidad", esto es, que el acto político para ser tal deba (solo) alterar retroactivamente las reglas del registro simbólico que lo negaba? Nuevamente en esto, Žižek se mueve con pulcritud y logra dar un giro más, en lo que va a entender como un acto propiamente político, y lo hace recurriendo a Lacan, nos dice Žižek: "Aquí, sin embargo, es crucial introducir una nueva distinción: para Lacan un verdadero acto no solo cambia retroactivamente las reglas del espacio simbólico; también interrumpe la *fantasía subyacente*" (Žižek 1999a: 200, énfasis agregado).

En efecto, para Lacan el "atravesamiento" de la fantasía (*traversée du phantasme*) demandaba distinguir entre la "actuación" (*acting out*) y el "pasaje al acto" (*passage à l'acte*). La "actuación" corresponde a una acción que convoca o retrae impulsivamente "algo" del inconsciente al consciente, y que siempre mantiene un carácter intersubjetivo. Esto es, la "actuación" siempre conlleva un mensaje, por medio de un discurso, dirigido hacia el Otro que no ha escuchado (que es "sordo"). Lacan se refiere a la "actuación" en su *Seminario X, sobre La Angustia* (1962-63) a propósito del caso de la joven homosexual referido por Freud en *Sobre la psicogénesis de un caso de homosexualidad femenina* (1920). Allí se presenta a una joven que se pasea públicamente con su pareja mujer que ama, por las concurridas calles de Viena cercanas al lugar de negocio de su padre que rechazaba su relación. Para Lacan el paseo de la muchacha es una "actuación", pues su mensaje va dirigido a su padre, esto es, requiere de un gran Otro para ser puesta en escena. Por su parte en el mismo *Seminario X*, Lacan clarifica que el "pasaje al acto", aunque también es un último recurso en contra de la angustia como lo es la "actuación", no supone ningún mensaje hacia el gran Otro simbólico. Más aún, mientras la "actuación" mantiene al sujeto en la escena simbólica intersubjetiva, el "pasaje al acto" envuelve una salida completa de ella. O si se prefiere, es un salto desde la dimensión simbólica del gran Otro hacia lo real. Así, siguiendo el mismo caso de la joven homosexual, Lacan muestra que una vez que la muchacha percibe la mirada indignada de su padre sobre ella y su amante, sale corriendo arrebatada y se arroja sobre unas vías muertas de ferrocarril. Se deja caer (*Niederkommen*), dice Freud. De esta forma, su intento de suicidio es una caída, un "dejarse caer", pero también un "dar a luz" (*mettre bas*), "un parir", que son los dos sentidos del alemán *Niederkommen*. Es por ello que este intento de suicidio, argumentará Lacan, es un "pasaje al acto" no una "actuación", ya que no conlleva ningún mensaje cifrado al gran Otro. Ello es así, puesto que la mirada de su padre ha devenido en imposible de ser simbolizada para la muchacha. En el "pasaje al acto", por tanto, siempre hay una disolución del sujeto que deviene momentáneamente en objeto: la muchacha al dejarse caer deviene en objeto del deseo de su padre.

Ahora bien, Žižek, contrario a lo que sostiene Parker (2004: 97), sigue completamente a Lacan en esta distinción y diferencia también entre "actuación" y el "pasaje al acto":

"En términos generales, *acting out* es aún un acto simbólico, un acto dirigido hacia el gran Otro. El 'pasaje al acto', en contraste, suspende la dimensión del Otro: el acto es aquí traspasado hacia el dominio de lo Real: En otras palabras, *acting out* es un intento de quebrar el punto muerto simbólico (una imposibilidad de simbolización o de ponerlo en palabras) por medio de un acto, que sin embargo aún funciona como el contenedor de un mensaje cifrado…El 'pasaje al acto', en contraste, conlleva una salida de la red simbólica, una disolución del vínculo social" (Žižek 1999b: 33).

Es preciso notar, sin embargo, que para Lacan el acto propiamente tal no es asimilable ni a la "actuación" ni al "pasaje al acto". En su Seminario XI *Los Cuatro Conceptos Fundamentales del Psicoanálisis*, 1964 (1977), Lacan, distingue los actos, de los comportamientos, y asume que los primeros son simbólicos y solo pueden ser atribuibles a los sujetos humanos (Lacan, 1977: 50). El punto de Lacan es que un acto es tal, cuando un sujeto humano se ha hecho responsable de él, y en tal sentido un acto es siempre un acto ético. La noción de responsabilidad que tiene en mente Lacan, sin embargo, no corresponde a la que emana de la ética tradicional que exige un acto consciente y voluntario para que este pueda ser atribuido a la responsabilidad del sujeto que lo ejecuta. Para Lacan, por el contrario, incluso un acto motivado por un impulso inconsciente puede llegar a ser un acto verdadero en la medida que es total y conscientemente asumido por un sujeto, esto es, respecto al cual un sujeto responde. Más aún, para Lacan un suicidio en donde el sujeto asume total y conscientemente que es motivado por un impulso inconsciente, constituiría "el único acto completamente exitoso" (Lacan 1973: 66-67). Por el contrario, no sería un acto verdadero el intento de suicidio o suicidio frustrado que en cuanto "actuación" va dirigido a un gran Otro, y que generalmente deviene en reiterados nuevos intentos, buscando que el mensaje sea escuchado. Pero tampoco lo sería el "pasaje al acto" puesto que en él, el salto fuera de la escena simbólica es total, y no se asume, por tanto, responsabilidad por nada.

Es aquí donde Žižek enfatiza su propia lectura del acto en Lacan. Para Žižek el acto para ser tal no debe contener ningún mensaje cifrado, no debe estar dirigido al gran Otro, pues en tal caso aún mantendría una fantasía subyacente, que es precisamente la fantasía de que el mensaje sea recibido. Nos dice Žižek

> "Cada vez que un sujeto está 'activo' (especialmente cuando es impulsado hacia una hiperactividad frenética), la pregunta a ser formulada es la siguiente: ¿Cuál es la fantasía subyacente que sostiene esta actividad?" (Žižek 1999a: 374)[13].

[13] Un caso de hiperactividad frenética se da en la actuación de muchos militantes de izquierda que quedaron huérfanos de horizontes ideológicos tras el colapso de los socialismos reales. Frente a los muchos que abandonaron toda causa política

De allí que para Žižek, el acto comparte con el "pasaje al acto" la característica de no permanecer circunscrito al universo simbólico del gran Otro que moviliza la fantasía subyacente de la actuación. Žižek lo formula de la siguiente manera: "El acto –como opuesto a la actividad– ocurre solo cuando [su] contexto fantasmagórico es en sí mismo perturbado" (Žižek 1999a: 374). Ello, sin embargo, no significa que para Žižek el acto sea sinónimo del "pasaje al acto", como sostiene Parker (2004: 97). Lo que los distingue es que, aunque en ambos deviene una disolución del sujeto que cae en identificación con el objeto *qua* real en oposición al significador (Žižek 1999a: 374), en el "pasaje al acto" la disolución es asimilable a una caída que no logra dar a luz (el suicidio); el acto en cambio es un dar a luz en una caída sin fin (la caída del suicida en el espacio exterior).

Ahora bien, para Žižek al igual que para Lacan el acto es un ejercicio de libertad, de plena responsabilidad ética (Kay 2003: 111). Pero ello no significa que uno tenga control íntegro del acto. Más aún, para Žižek: "La paradoja es que, en un acto auténtico, la más alta libertad coincide con la más extrema pasividad, con una reducción a la condición de un autómata sin vida que ciegamente efectúa sus gestos" (Žižek 1999a: 375).

Es por ello que, y coincidiendo con Lacan, para Žižek, aunque no se trata de un acto de libertad intencional (conscientemente buscado), es, sin embargo, aceptado como algo respecto a lo cual el agente es o deviene totalmente responsable (Žižek 1999a: 376).

De allí que finalmente Žižek (1999a: 266) pueda concluir que un acto (político) auténtico siempre atraviesa la fantasía fundamental –aquella que sirve como último soporte del sujeto humano– y 'altera el núcleo fantasmagórico' que la constituye[14].

(renegados), se encuentran otros que tienden a asumir que el no "estar haciendo cosas" es sinónimo de renuncia a los principios revolucionarios. Estos últimos, sin embargo, lejos de encarnar la insacrificable actitud de consecuencia revolucionaria, no estarían en verdad más que movilizando una fantasía, tan egoísta como la que acompaña al cinismo de los renegados. Vegetarían así marginalizados de toda posibilidad de hacer política (esto es, de influir en los asuntos centrales del poder) que siempre se deriva, a decir de Žižek, no de las actuaciones histéricas, sino de los fríos actos.

[14] Žižek en una nota del capítulo 5 de su libro *The Ticklish Subject*, después de sostener que la noción lacaniana estándar del acto se asemeja a "un gesto que retroactivamente

Con esto Žižek se desplaza desde una caracterización de un acto político concebido como puramente factual, tanto en su ocurrencia, como en las consecuencias que se exigen de él (a saber: que cambie retroactivamente las reglas del espacio simbólico), a otro en donde su condición emancipadora resulta central. Se trata de una condición emancipadora que opera mediante la crítica a la ideología, lo que permitiría distinguir entre un acto como acontecimiento, de otro que solo reviste el carácter de seudo-acontecimiento. Žižek, lo explica a propósito del Fascismo:

> "En relación a *esta* crucial dimensión del acto [la interrupción de la fantasía subyacente] el Fascismo enfáticamente no aprueba el criterio del acto. La 'Revolución' Fascista es, por el contrario, el caso paradigmático de un seudo-Acontecimiento, de una agitación espectacular destinada a ocultar el hecho que, en el nivel más fundamental (aquel de las relaciones de producción), *nada realmente cambia*" (Žižek 1999a: 200).[15]

De esta forma, la interrupción de la fantasía subyacente que el acto propiamente político para ser tal debe producir, entronca al Žižek tardío con sus primeros trabajos en donde la crítica de la ideología (desde una perspectiva lacaniana), precisamente como un ejercicio de "atravesamiento" de la fantasía, era central (Žižek 1989; 1991; 1994; 1997; 2005: 265-266). Consecuencialmente, para Žižek la noción de crítica de la ideología se encuentra ineludiblemente ligada al carácter político del acto. Más aún, es una segunda condición de su politicidad.

Constituye, por tanto, un error concebir ambos requisitos del acto (a saber: la crítica de la ideología y su carácter de "imposibilidad" factual) como condiciones cumulativas –como Johnston sugiere– Žižek postularía:

> "Žižek cree que la actual acumulación ideológica debe primero ser limpiada a través de una crítica teórica completa, a través de un pensamiento

cambia sus propias (pre) condiciones discursivas", agrega que "Sin embargo, el Lacan tardío va un paso más allá y localiza el acto en un nivel incluso más radical, que tiene que ver con la alteración de la propia fantasía fundamental, como el marco último de nuestra experiencia del mundo", véase Žižek (1999a: 307, nota 25).

[15] Véase también Žižek (2000a: 124), en donde el "atravesamiento" de la fantasía como condición calificante del acto es reiterada.

crítico antes que de un hacer crítico, ello antes que algo genuinamente transformador en un sentido radical sea posible" (Johnston 2007a: 70).

Por el contrario, como hemos visto, para Žižek la fantasía no puede desactivarse sin que un "imposible" ocurra, pero este último no acaece nunca si la fantasía permanece operativa (esto es, cuando a pesar de la ocurrencia de un "imposible", *nada realmente cambia*); en tal sentido ambas son condiciones *coetáneas*, no cumulativas (Žižek 2000a: 127).

Las dos condiciones de politicidad del acto antes señaladas, no pueden, sin embargo, entenderse a cabalidad sino se observan en su articulación particular con su tercer componente central: el sujeto del acto.

El sujeto militante del acto político

Para explorar este tercer componente del acto se requiere volver a la precisión que Žižek hace respecto a la manera en que el acto acontece. A este respecto, la reflexión de Žižek se mueve en un oscilar tenue entre dos premisas centrales. Por una parte, su rechazo a la idea de que un acto pueda ser determinado en un tiempo histórico dado. Y, por otra parte, su adscripción a la tesis "decisionista" formulada por Rosa Luxemburgo de que "si se espera por el tiempo en que el Acontecimiento esté maduro, el Acontecimiento nunca ocurrirá" (Žižek 2003: 135).

En cuanto a lo primero, Žižek ha insistido en que el tiempo del acontecimiento no es un tiempo histórico estándar: "El tiempo del acontecimiento no es otro tiempo más allá o arriba del tiempo histórico "normal", sino un tipo de curvatura interna dentro del tiempo" (Žižek 2003: 134). Debido a ello, para Žižek, en coincidencia en esto con Alain Badiou (2006: 46), un acontecimiento propiamente tal nunca se puede predecir dentro de un tiempo histórico "normal", esto es, con las técnicas y procedimientos que operan en dicho tiempo:

"La pregunta '¿en qué circunstancias el tiempo condensado de un Acontecimiento emerge?', es [siempre] una interrogante falsa: ella envuelve la reinscripción del Acontecimiento en el proceso histórico positivo. En otras palabras: no podremos [nunca] establecer el tiempo de la explosión del Acontecimiento a través de un preciso análisis histórico 'objetivo' (en el estilo de 'cuando las contradicciones objetivas alcancen tal y tal nivel, las cosas explotarán'" (Žižek 2003: 135).

Sin embargo cabe en esto ser preciso, y preguntarse si lo que Žižek está afirmando, ¿es en verdad que un acontecimiento no puede nunca predecirse (sin más), o es solo que no puede nunca predecirse *a través de* "un preciso análisis histórico 'objetivo'"? La respuesta que sostenemos aquí, está más cerca de esta última posibilidad antes que de la tesis más absoluta (la total impredecibilidad del acontecimiento). Si ello es así, Žižek resultaría en parte absuelto de las abundantes críticas que se le han hecho por presentar una teoría que en este respecto (la no-predictibilidad absoluta del acontecimiento), asume "la presencia de quiebres en los eslabones de las terrenales estructuras de causa y efectos" (Johnston 2007a: 46), lo que lo llevaría a defender un inmovilismo político propio de quien solo "espera por los marcianos", como sarcásticamente le ha espetado Ernesto Laclau (2008b: 28).

Para ilustrar la idea de que Žižek adopta una visión de impredecibilidad del acontecimiento limitada solo al punto de vista de un análisis histórico "objetivo", se requiere recurrir y contrastar la referencia a Walter Benjamin que Žižek hace en *Afterword: Lenin's Choice*, y que usa para criticar el estatus de "milagro" que tendría el acontecimiento en Badiou, ya antes analizado. Ahora, sin embargo, Žižek usando las "Tesis" de Walter Benjamin, agrega un nuevo e inesperado énfasis:

"En la medida que estos fracasos pasados anuncian sus redenciones revolucionarias por venir, ellos 'pronostican' el futuro milagro revolucionario que retroactivamente los redimirá. Más aún, en la medida que el nombre que Alain Badiou da para el milagro es el 'Acontecimiento' (véase Alain Badiou, *L'être et l'événement*, Paris: Editions du Seuil 1988), podemos presentar a partir de las 'Tesis' de Benjamín una suerte de crítica *avant la lettre* de Badiou: Un Acontecimiento no emerge de la nada; más aún, no solo tiene lugar dentro de lo que Badiou llama *site événementiel*, sino que además es incluso 'pronosticado' por una serie de Acontecimientos pasados fallidos" (Žižek 2002: 325, note 122).

Pero, si Žižek ya nos ha señalado que un acontecimiento no puede nunca predecirse siguiendo un análisis histórico "objetivo", ¿en qué otro sentido un acontecimiento *sí* podría ser "pronosticado" por una serie de acontecimientos pasados fallidos?

Para responder a esta pregunta requerimos volver a la otra tesis que señalábamos Žižek adscribía, a saber: "si se espera por el tiempo en que el Acontecimiento éste maduro, el Acontecimiento nunca ocurrirá" (Žižek 2003: 135).

La clave explicativa para entender este punto se encuentra en lo que va a ser la tesis más fundamental de la caracterización final del acto en Žižek, a saber: su constitución –la del acto– mediante una decisión subjetiva militante. En efecto, para Žižek el acto no solo requeriría sujetos militantes que fueran fieles al acontecimiento, o que se constituyeran en un proceso de fidelidad *post*-acontecimiento como Badiou lo sugiere[16], sino además demandaría sujetos militantes que lo constituyeran (al acontecimiento), esto es que operaran *pre*-acontecimiento. La tesis de Žižek a este respecto es la siguiente: "No hay Acontecimiento al margen de la decisión subjetiva comprometida *que lo crea* [al Acontecimiento]" (Žižek 2003: 135, énfasis agregados).

En este punto, sin embargo, conviene precisar que la 'decisión subjetiva comprometida' que crea al acontecimiento, que da lugar al acto, no es asimilable a una decisión racional, entendida como una decisión motivada solo por una voluntad consciente (purificada de todo impulso y deseo). Por el contrario, lo que tiene en verdad Žižek en mente aquí, es la lógica que opera en los actos heroicos (Žižek 1999a: 376), en donde el sujeto lejos de ser presupuesto como maestro de todos su actos, es más bien "sorprendido" por su propio acto, el que una vez ocurrido transforma radicalmente al sujeto "autor" del mismo.[17]

---

[16] Badiou habla del proceso de subjetivización, como la emergencia de un operador... que se divide entre el nombre del acontecimiento (la muerte de Dios, la revolución, los múltiplos infinitos, la destrucción del sistema tonal...) y la iniciación de un procedimiento genérico (La Iglesia Cristiana, El Bolchevismo, la Teoría de Conjuntos, el Serialismo, el Amor singular), Badiou (2005a: 393).

[17] Žižek alude concretamente al sujeto que por un largo tiempo ha vivido una vida oportunista de maniobras y compromisos y que de repente, inexplicablemente incluso para él mismo, resuelve apoyar firmemente una causa (perdida) que lo apasiona, cualquiera sea el costo que esto le signifique, véase Žižek (1999a: 376).

Ahora bien, así entendido el carácter militante del acto, para Žižek la crítica *avant la lettre* que es posible realizar a Badiou desde las "Tesis" de Benjamin, se funda en el hecho de que Badiou excluiría cualquier posibilidad de predecir un acontecimiento. No solo quedarían excluidas las predicciones que se derivarían de un análisis histórico "objetivo" (con lo que Žižek está de acuerdo), sino incluso aquellas formas de "pronóstico" que son propias de la decisión subjetiva militante (por las que Žižek aboga). Más aún, Žižek no solo defiende estos pronósticos militantes del acontecimiento, sino además los opone a aquella actitud supuestamente "objetiva" de esperar por "el momento correcto" –cuando las circunstancias estén maduras para producir un acto revolucionario. En esto, Žižek está radicalmente del lado de San Pablo y Rosa Luxemburgo:

> "La homología estructural entre el viejo judaísmo o el tiempo mesiánico paulino y la lógica de un proceso revolucionario es crucial aquí: 'El futuro no es futuro sin el "deseo de traer al Mesías antes de su tiempo" y la tentación de "forzar el reino de Dios en el ser"; sin esto, es solo un pasado eternamente extendido y un porvenir proyectado' (Rosenzweig 1985: 227). ¿No son acaso estas palabras perfectamente coincidentes con la descripción que Rosa Luxemburgo hace de la necesaria ilusión que pertenece a todo acto revolucionario? Como ella enfatiza en contra de los revisionistas, si esperamos por el 'momento correcto' para comenzar una revolución, ese momento nunca llegará –tenemos que tomar el riesgo, y precipitarnos en el intento revolucionario, porque es solo a través de una serie de intentos 'prematuros' (y de sus fracasos) que las condiciones (subjetivas) para el momento 'correcto' son creadas" (Žižek 2003: 133).

Así es como Žižek logra finalmente precisar el sentido que tuvo en mente al hablar de la gratuidad del acto (Žižek 2004ª: 205), que habíamos dejado antes pendiente, el que a menudo ha sido criticado por ser una mera expresión decisionista irresponsable (Marchart 2007: 102) o "un psicótico pasaje al acto…cercano a una versión Schmittiana de ultra política" (Parker 2004: 97). Para Žižek, por el contrario, –sostenemos aquí– la gratuidad del acto no puede sino entenderse ligada a la centralidad de la decisión subjetiva militante que en un solo tiempo *da lugar* al acto y *constituye* al sujeto del mismo. Recuérdese que para Žižek el tiempo del acto (y de su sujeto) no es un tiempo estándar en que una cosa pasa antes que la otra:

> "Cuando se observa el proceso desde un punto de vista distante, aparece como un despliegue en línea recta; lo que perdemos de vista, sin embargo, son las curvaturas internas subjetivas que sostienen esta línea recta 'objetiva'" (Žižek 2003: 135).

Así entendido el tiempo del acto, es coherente sostener que para Žižek un acto se originaría 'fruto de una decisión subjetiva militante de un sujeto que no puede existir *sin* el acto'. Más aún, se trata de una decisión (o conjunto de decisiones) que se podrían (y deberían) pronosticar a través de un constante proceso de militancia que se daría en torno a los acontecimientos pasados fallidos, los que mostrarían las "huellas futuras" del acontecimiento 'por venir', que para estos efectos es 'por decidirse'; una decisión que es siempre absoluta (Žižek 2000b: 669).

Pero de nuevo, valga la pena insistir, lo que Žižek parece tener en mente aquí no es una labor meramente teórica de análisis "objetivo" *à la Academia*, sino fundamentalmente militante *à la Partisano*. La oposición, por tanto, a menudo sostenida entre pensar y hacer, o entre la crítica de la ideología –"un forzamiento (*forçage*) pre-acontecimiento dirigido a extractar o precipitar un acontecimiento de su sitio eventual" Johnston (2007a: 46)– y el accionar político, es disuelta en la teoría de Žižek y reemplazada por una decisión que para ser propiamente política debe conjugar pensar y hacer *en* la militancia.

La polémica político-académica

Este énfasis por concebir un acto como un "imposible", desactivador de fantasía y militante ha conducido finalmente a Žižek (2001: 114) a adherir a una perspectiva que es, extrañamente –para los tiempos que corren– más cercana a una tradición política revolucionaria leninista que a concepciones de "democracia radical", como aquellas defendidas por Lefort (1988), Laclau (2005a), Mouffe (2005b), o "intersticial" como la defendida por Critchley (2005).

Ahora, tal como está, la teoría del acto de Žižek ha dado lugar a una intensa controversia dentro de la llamada comunidad académica post-estructuralista. Un caso referencial en este sentido es el reproche que Oliver Marchart ha hecho de lo que él asume es, en el trabajo de Žižek, "un acto puramente abismal y decisionista que se alcanza sin ninguna consideración estratégica de las circunstancias" (Marchart 2007: 102). Crítica a la que se adhiere Ian Parker quien ha afirmado que Žižek se aparta de la noción lacaniana estándar de acto por cuanto asume que este tendría lugar "fuera del universo simbólico" (Parker 2004: 97).

En respuesta a estas críticas, Žižek ha clarificado: "Yo clara y repetidamente he sostenido que un acto es solamente un acto *con relación a* una situación: cuando el momento pasa, el acto no es más un acto" (Žižek 2007: 223, énfasis del original). Y en otra parte ha precisado: "En resumen, un auténtico acto no es simplemente externo al campo simbólico impactado por él [el acto]. Un acto es un acto solamente *en relación con* algún campo simbólico, como una intervención en éste" (Žižek 2000a: 125).

En efecto, las críticas de Marchart y Parker pierden de vista que un acto puramente abismal y decisionista es, en la lógica de Žižek, lo único que podría cambiar estratégicamente las circunstancias, para lo cual debe siempre realizarse en relación a una situación, que para Žižek incluso es un momento que se decide. Un momento que, sin embargo, no puede entenderse, como hemos visto, como un segmento de un tiempo linear, sino como el cortocircuito (subjetivo-militante), producido en dicho tiempo, que lleva consigo el acto.

Más aún, el reproche que realizan Marchart y Parker a la posición de Žižek está curiosamente en sintonía con la crítica que el propio Žižek realiza de la lógica seguida por Badiou para describir la emergencia de un acontecimiento. En efecto, Žižek ha sostenido a este respecto refiriéndose a Badiou que,

> "existe una suerte de acto original de creación un cierto universo de significados que emerge, así como de la nada. Ahora mi problema con esta lógica del acontecimiento es que estoy cada vez más y más convencido que es demasiado idealista" (Žižek y Daly 2004: 136-137).

En otra parte, Žižek insiste en este punto, señalando que,

"Badiou permanece cautivo en la trampa proto-Kantiana de la 'infinidad espuria': temeroso de la potencial consecuencia terrorista 'totalitaria' derivada de afirmar la 'libertad verdadera' como la inscripción directa del acontecimiento en el orden del Ser…, él [Badiou] enfatiza la brecha que los separa por siempre [al acontecimiento y al orden del ser]" (Žižek 2001: 125).

La insistencia de Žižek por un acto que ocurre *dentro* del orden de las condiciones materiales de existencia, está también en la base de su rechazo a la crítica que Bruno Bosteels formula al carácter meramente negativo que se derivaría del acto lacaniano (esto es, como un gesto de asumir la no-existencia del gran Otro, de atravesar la fantasía y de la pura negatividad de la pulsión de muerte) (Žižek 2006: 327). En efecto, en juicio de Žižek, Bosteels formularía dicha crítica para oponerla "a la positiva noción de Badiou del trabajo paciente que facilita la fidelidad al Acontecimiento" (Žižek 2006: 327). Sin embargo, lo que para Žižek está en cuestión en verdad acá, es el rechazo de Badiou y Bosteels a la incorporación del Estado (y más importante aún, para Žižek, de la economía política) como sitios potenciales del acontecimiento:

"Bruno Bosteels se refiere a este tema en 'La Izquierda Especulativa' (manuscrito no publicado), donde defiende a Badiou en contra de la crítica de que él sería un 'Comunista sin ser un Marxista', defensor de una rebelión anti-estatal abstracta: para Badiou, el Marxismo y el Comunismo 'se sostienen mutuamente en una paradójica historia de eternidad –esto es, el histórico despliegue de la eterna revuelta. Para parafrasear un muy bien conocido dictado: el Marxismo sin el comunismo es vacío, pero el comunismo sin el Marxismo es ciego' [hasta ahí la cita a Bosteels]" (Žižek 2006: 327).

Sin embargo, Žižek insiste que la crítica que se formula a Badiou en este respecto es pertinente, puesto que,

"el núcleo teórico del Marxismo es la "crítica de la economía política" de Marx que está simplemente *totalmente ausente del trabajo de Badiou* –lo que es, a no dudar, una consecuencia del rechazo de Badiou a admitir la economía como un sitio potencial del Acontecimiento" (Žižek 2006: 327).

Pero cabe en esto preguntarse, ¿puede la economía constituir un sitio potencial del acontecimiento? Si se concibe –como Žižek lo hace– al acto propiamente político como una torsión o corto circuito dentro del registro simbólico, gestado a partir de la decisión militante subjetiva, parece perfectamente posible no solo incluir a la economía si no también al Estado como potenciales sitios del acontecimiento. Por lo demás, ¿no es esto acaso lo que resulta posible observar, por ejemplo, en el proceso constituyente Boliviano, en donde el Movimiento al Socialismo (MAS), liderado por Evo Morales, ha hecho de la "toma del Estado por la vía democrática electoral", el acontecimiento más singular de la política emancipadora actual, a saber: un estado de los movimientos sociales?[18]

Consideraciones finales

A pesar de las clarificaciones antes mencionadas, sostengo, sin embargo, que el carácter controversial de la teoría del acto de Žižek como esfuerzo teórico por caracterizar lo específico de lo político permanece, y debe ser analizado, como un síntoma propio de aquella clase de desafíos que Žižek precisamente intenta pensar.

En particular, la tensión fundamental de una teoría que asume a un acto político como "imposible", desactivador de fantasía y militante es eminentemente de carácter normativo, y se plantea en la pregunta: ¿cuán radical debería ser un acto político? Se trata de un interrogante que alude al dilema democracia versus violencia (revolucionaria y/o totalitaria). En efecto, el problema acá apunta al desafío que un acto radical, como Žižek lo concibe, presentaría tanto a las perspectivas deliberativas (*à la* Habermas y Rawls) como a las post-Marxistas (*à la* Laclau y Critchley) sobre democracia. En otras palabras, la cuestión envuelta aquí es, ¿hasta qué punto un acto puede y debe ser necesariamente pensado como normativamente constreñido por un marco democrático, ya sea éste

---

[18] El propio Bruno Bosteels ha considerado esta posibilidad en algunas de sus presentaciones recientes, como la que llevó a cabo en la conferencia "On the Idea of Communism", 13-15 March 2009 in the Logan Hall, Institute of Education, University of London. http://www.bbk.ac.uk/bih/activities/ideaofcommunism. Véase además, en torno a las reflexiones del proceso constituyente boliviano, el texto de García Linera (2009).

deliberativo o radical post-Marxista? Puesto de otra forma, la pregunta es ¿en qué medida la noción de acto de Žižek, abriría nuevas posibilidades para concebir lo político como una práctica "legítima", al margen de los contornos del *ethos* democrático? Y si este es el caso, ¿cuáles serían las implicancias normativas (riesgos y consecuencias) y desafíos que tales nuevas posibilidades presentarían a la idea de democracia, como el marco aparentemente indisputado que circunscribe la reflexión sobre la acción política en el pensamiento político occidental contemporáneo?

Mi conjetura en esto es que desde la perspectiva de la teoría de Žižek un acto solo podría ser tentativamente evaluado desde un punto de vista normativo actual. Esto se debería a que cualquier perspectiva normativa no podría evitar quedar supeditada, y en alguna medida atrapada, por el "lenguaje" de una situación dada, que el acto, si es exitoso, cambiará radicalmente. En tal sentido, la evaluación normativa de un acto, con relación a la idea de democracia, podría solo efectuarse *a posteriori*, cuando las nuevas condiciones de posibilidad hayan sido establecidas por el acto. Ello, por cierto, parece ser una conclusión difícil de ser aceptada por concepciones normativas actuales, ya sean estas liberales o incluso inscritas dentro del paradigma de la democracia radical (Critchley 2007: xvi), a las que la teoría del acto de Žižek postularía precisamente superar.

Más interesante que ello, me parece a mí, es el punto en cuestión abierto por la teoría del acto de Žižek, a saber: el estatus que ocuparía lo normativo (moralidad y ética) dentro de una teoría de lo político. Estatus que debería evaluarse no solo en el momento de la transformación radical, sino fundamentalmente en la etapa que surgiría después que dicha transformación ha tenido lugar. En otras palabras, la pregunta abierta por la reflexión žižekiana se puede formular como sigue: ¿constituye lo normativo (incluido el derecho a vivir en democracia) una categoría que en cuanto tal, debe siempre ser determinada por lo político (y por tanto ser normativamente evaluada *a posteriori*), o por el contrario, debe lo normativo ser asumido como algo inmanente, al menos en lo que refiere y emana de la "condición humana", esto es, como posibilidad a tener derechos, como Arendt lo diría, o del "pluralismo agonístico", esto es, del respeto de los principios de la democracia liberal como Mouffe (1999: 22-23) ha insistido (y en tal sentido su estatus se presentaría como un estándar permanente para la crítica política)? En esto vale la pena recordar que el propio Žižek ha explicitado que su teoría del acto no debe ser entendida como constreñida por la idea de democracia (Dean 2006: 114-115). En efecto, como él lo plantea:

> "En este punto, es crucial evitar lo que uno no puede sino llamar la 'trampa democrática'. Muchos izquierdistas 'radicales' aceptan la lógica legalista de la 'garantía trascendente': ellos se refieren a la 'democracia' como la última garantía de aquéllos que están conscientes de que no hay garantía […] Un acto político auténtico puede ser, un acto democrático como también un acto no democrático" (Žižek 2004b: 87).

Más aún, si un acto político auténtico puede ser asumido, teniendo una forma democrática o no democrática esto nos confronta directamente con el problema de reflexionar sobre el tipo de legitimación con el cual dicho acto político estaría revestido. En particular, ello presenta el problema de cómo enfrentar el tema de la violencia, ya sea en sus vertientes revolucionarias o totalitarias –un problema que Žižek ha abordado en su libro *Violence* (Žižek 2008b). En efecto, si la autenticidad del acto (la desactivación de la fantasía) es su parámetro más sustancial de validez, el recurso, o la necesidad, como Žižek (2008b: 167) lo ha sostenido, de una clase particular de violencia (violencia divina) no debería (normativamente) y no podría (ontológicamente) ser evitado.

Las claves para la resolución de esta encrucijada podrían encontrase en el propio postulado de la ontológica materialista del no-Todo de Žižek. Una ontología que al asumir su inconsistencia constitutiva permitiría forjar una crítica política a los intentos por naturalizar el estatuto de radicalidad de un acto político. Ello ya constituiría un mérito importante en una época en donde el riesgo que enfrenta la actividad política no parece ser tanto el desborde de una "violencia divina" desde los márgenes del estado (lo que por lo demás, la política nunca podría descartar totalmente), sino el engendramiento de una violencia sistémica desde el estado, esto es, la tendencia creciente a reemplazar la deliberación y el antagonismo propio de lo político, por una práctica que favorece la toma de decisiones de manera "técnica" y a-política, como ocurre en las democracias liberales actuales. Más aún, la democracia (liberal) aparecería cada vez más, no como una respuesta a los anhelos de libertad e igualdad, sino como un problema a resolver para la prosecución de una empresa política emancipadora. En efecto, mirada desde la óptica žižekiana, la democracia (liberal) aparece eliminando toda posibilidad de forjar "imposibilidades", se erige comúnmente en torno a fantasías subyacentes ('alcanzar el desarrollo', 'declararse como un país integrado', etc.) y se alimenta de sujetos asépticos anti-militantes. Es por ello que quizás sea en la crítica a la *democracia realmente existente* en donde la teoría del acto de Žižek pudiera mostrar su productividad teórica-política más promisoria (aunque no por ello menos polémica) para revitalizar la noción de lo político –empresa en la que se empeña gran parte de la teoría política contemporánea.

II. Lo político como revolución, acontecimiento y acto: *Un entrecruce entre Arendt, Badiou y Žižek*[19]

El significado de la palabra *Revolución* ha seguido una curiosa evolución. Ha pasado de connotar un ciclo eminentemente previsible, a terminar significando precisamente lo opuesto, esto es, un evento desprovisto de toda previsión. En lo que fue su uso original, Copérnico no encontró otro término más útil para referirse al devenir regular, rotatorio y sujeto a leyes propias que seguían los astros y planetas que el de revolución en su texto *De revolutionibus orbium coelestium*. Se trataba de la palabra latina *revolutionibus*, cuya referencia más cercana era la de un movimiento recurrente, cíclico, y en tal medida similar a la idea de un orden al que a pesar de los sobresaltos siempre se retornaba, al margen por cierto de toda voluntad humana.

No es misterio, por tanto, que los primeros usos de la palabra revolución para calificar eventos políticos, hayan buscado seguir un sentido restaurador, al que la palabra revolución era asociado en la ciencia astronómica, como se ve en los casos de la reposición de la monarquía inglesa en 1660, o en el de la llamada "revolución gloriosa" en la Inglaterra de 1688, en donde la Casa de Estuardo fue expulsada y se restauró el legítimo y original poder monárquico.

Más importante aún, y esto dará lugar a la primera cuestión que me interesa explorar aquí, como nos informa Hannah Arendt en su texto *Sobre la Revolución* (1963), el sentido restaurador asociado a la idea de revolución, solo comenzó a cambiar *desapercibidamente*, sin un programa

---

[19] Una versión previa fue publicada como "Revolución, Acontecimiento y Teoría del Acto: Un entrecruce entre Arendt, Badiou y Zizek", *Ideas y Valores* 144 (2010): 99-116.

explícito, o si se prefiere a contrapelo de lo que fueron las intenciones o la "consciencia" original de sus partícipes, especialmente de los protagonistas de las revoluciones americanas y francesas a los que Arendt se estaba refiriendo. Así ella nos dice al respecto:

> "[D]ebemos dirigir nuestra atención a las revoluciones Americanas y francesas y debemos tener en cuenta que ambas estuvieron dirigidas, en sus etapas iniciales, por hombres que estaban firmemente convencidos de que su papel se limitaba a restaurar un antiguo orden de cosas que había sido perturbado y violado por el despotismo de la monarquía absoluta o por los abusos del gobierno colonial. Estos hombres expresaron con toda sinceridad que lo que ellos deseaban era volver a aquellos antiguos tiempos en que las cosas habían sido como debían ser" (Arendt 1988: 58)

Esta condición de *Acontecimiento* a la que alude Arendt, propia del fenómeno revolucionario, no es posible entenderla sin aludir a lo que la propia Hannah Arendt refiere como el rasgo fundamental de la revolución, ya no en su sentido restaurador sino dentro de la denotación moderna de subversión, que no es otro que la idea de novedad o de nuevo origen sujeto a la exclusiva voluntad humana, al margen de toda providencia o gracia divina. Nos dice Arendt:

> "Solo durante el curso de las revoluciones del siglo XVIII los hombres comenzaron a *tener consciencia* de que un nuevo origen podía constituir un fenómeno político, que podía ser resultado de lo que los hombres hubiesen hecho y de lo que conscientemente se propusieran hacer" (Arendt 1988: 62, cursivas agregadas).

Lo que me interesa en este momento destacar no es tanto la idea del nuevo origen como fenómeno político, al que ya me referiré, sino la alusión señalada por Arendt a 'tener consciencia' de que un hecho así podía ocurrir. El 'tener consciencia', presente en la alocución de Arendt, hay que leerlo como una declaración afirmativa hecha por los partícipes de las revoluciones, de que un acontecimiento ha tenido lugar, el que abarcaría desde la inauguración de un nuevo sentido de la palabra revolución (la idea del nuevo origen y el abandono de toda referencia restauradora) hasta la propia transformación de sus partícipes –quienes en principio se veían a sí mismos como restauradores– en hombres que terminan tomando consciencia de que lo que en verdad están haciendo es dar lugar a una novedad radical.

Hay varias cosas que es necesario precisar acá. Primero, que según nos ha documentado Arendt, sería el acontecimiento de la revolución el que tomaría por asalto el significado que los propios protagonistas dan a sus acciones, cambiándolo radicalmente. Uno en esto solo tendría que recordar las citas que reproduce la propia Arendt de las reflexiones de Benjamín Franklin y Alexis de Tocqueville, para tener claro lo que tiene ella en mente acá, y los cito, primero a Benjamín Franklin:

> "Nunca había oído en una conversación con cualquier persona, por borracha que estuviese, ni la más mínima expresión del deseo de una emancipación, o la insinuación de que tal cosa pudiese ser beneficiosa para América" (Franklin en Rossiter 1956: 4, citado en Arendt 1988: 59).

Y luego a Alexis de Tocqueville:

> "Se hubiera podido pensar que el propósito de la revolución en marcha no era la destrucción del Antiguo Régimen, sino su restauración" (de Tocqueville 1953: 72, citado en Arendt 1988: 59).

Lo que Franklin y de Tocqueville pareciesen sugerir es que la revolución que siguió no fue en ningún caso un suceso pensado *a priori*, un proyecto consciente fruto de algunos conspiradores que tuvieron éxito en ponerlo en marcha. Si ello es así, entonces quedaría confirmado que es el acontecimiento, la revolución, el que precedería y marcaría la aporía del nuevo origen en cuanto posibilidad que requiere ser afirmada, "tomada conciencia de".

Antes de profundizar en el sentido que tengo en mente al referirme a la noción de acontecimiento quizás sea útil en este punto recurrir a las reflexiones que Michel Foucault hiciera al reportear la revolución iraní y que expresara en su escrito *Is it Useless to Revolt?*, de Mayo de 1979, y que influyera decididamente sus trabajos posteriores sobre el cuidado del yo en la *Hermenéutica del Sujeto*.[20]

---

[20] Foucault en una entrevista dada en 1982, se refiere a toda su trayectoria intelectual como una labor constantemente centrada en el sujeto, más allá de lo que se pudiese

A partir del impacto que le produce la revolución iraní, Foucault desarrolla una concepción estética y ética del sujeto en transformación. En tal reflexión, Foucault reivindica la posibilidad de la verdad, de la que había sido tan renuente a darle algún estatuto significativo en sus trabajos tempranos, asociándola ahora al nuevo momento que resulta del proceso de transformación que experimenta el que conoce. Allí, la máxima délfica del "conócete a ti mismo" (*gnôthi seautón*), se actualiza solo si es precedida por la "inquietud de sí mismo" (*epimeleia heautou*), que demanda una transformación del *sí mismo*, guiado por lo que Foucault llamó la "espiritualidad política" (Foucault 2005ᵃ: 255). Foucault resume este proceso a través de lo que podemos llamar la nueva máxima Foucaultiana: "no puede haber verdad sin una conversión o una transformación del sujeto" (Foucault 2001: 33-34).

Es preciso notar aquí que la reflexión de Foucault sobre la revolución iraní se desarrolla siguiendo una oposición entre sublimidad y estrategia, entre misticismo y pragmatismo, o si se prefiere entre la ética de la convicción y la de la responsabilidad, que parece insalvable. Slavoj Žižek, en su referencia a la reflexión foucaultiana lo señala así:

> "[Foucault opone] el Acontecimiento revolucionario, el entusiasmo sublime del pueblo unido –donde todas las diferencias internas son momentáneamente suspendida– al dominio pragmático de la política de intereses y los cálculos de poder estratégicos" (Žižek 2008ᵃ: 115).

Es por ello que Foucault coincide en resaltar el carácter ininteligible de la revolución, esto es, la imposibilidad a partir de la meras descripciones históricas de los fenómenos que la preceden, de logra predecir su ocurrencia. La revolución, en última instancia, siempre se aparece abrupta e indómita, haciendo saltar en mil pedazos los análisis que la

---

haber pensado en sus trabajos tempranos, así Foucault señala: "Mi trabajo ha lidiado con tres modos de objetivización que transforman los seres humanos en sujetos. El primero es el modo de investigación que trata de darse a sí mismo el estatus de ciencias…En la segunda parte de mi trabajo, he estudiado la objetivización del sujeto en lo que llamaré 'prácticas segmentadoras'… Finalmente, he buscado estudiar –este es mi trabajo actual- la forma en que el ser humano se convierte a sí mismo en un sujeto. Por ejemplo, he elegido el terreno de la sexualidad –cómo los hombres aprendieron a reconocerse a sí mismos como sujetos de sexualidad" (Foucault 2002a: 326f.).

ignoraron –que no podían sino "no-verla". En tal devenir, el ser humano se transforma, se vuelve revolucionario, ignora la muerte:

"El hombre en la revuelta es finalmente inexplicable. Debe producirse una insurrección que interrumpa el despliegue de la historia, y su larga serie de razones explicativas, para que un hombre "realmente" prefiera el riesgo de la muerte a la certeza proveída por el obedecer" (Foucault 2005b: 263).

Tal es la aporía generada por la revolución. No se trata solo de su propia imprevisibilidad en cuanto acontecimiento –una incógnita insondable para los analistas y cientistas sociales–, sino además de la transmutación que produce en aquellos que creíamos más apaciguados, los sujetos. Sujetos que de obedientes activistas –el estatuto dado por la militancia– pasan a ser *alzados* –el estatuto dado por la revolución– esto es, transmutados más allá de los meros cálculos estratégicos. Así Foucault, nos dice:

> "Tomemos el activista en algún grupo político. Cuando él era parte en una de aquellas demostraciones, era doble: tenía sus cálculos políticos, que eran éstos o aquellos, y al mismo tiempo era un individuo capturado por el movimiento revolucionario [...] Y las dos cosas no entraron en contacto, él no se alzó en contra del rey porque su partido hizo tal o cual cálculo" (Foucault 2005ª: 256).

Si la revolución, desde su propio origen en las experiencias americanas y francesas referidas por Arendt, pero también en la iraní como nos indica Foucault, pareciera escapar a todo cálculo, a todo propósito consciente de sus partícipes, ¿cómo entonces pensar este carácter elusivo e ignoto a la vez de la revolución y que acá hemos referido como acontecimiento?

Es ciertamente Alain Badiou quien más ha intentado pensar dicha posibilidad.[21] En su artículo *Philosophy and Truth*, Badiou señala que un acontecimiento "es impredecible, incalculable" y "está sujeto a la suerte" (Badiou 2006: 46). Lo que nos está diciendo Badiou es que para reconocer un acontecimiento uno siempre debe mirar por su novedad

---

[21] La obra de Badiou a este respecto es extensa y se viene desarrollando desde la década de 1960. Sus obras más significativas a este respecto son (en sus traducciones al inglés): *Being and Event* 2005a; *Logics of Worlds: Being and Event, Volume 2,* 2009a; *Theory of the Subject* 2009b.

radical, su *indecibilidad*, su inexplicabilidad dentro del curso ordinario de la cosas. Es el propio Badiou quien entrega una máxima práctica para los interesados en reconocer un acontecimiento:

> "Tómese la siguiente oración: 'Este acontecimiento pertenece a la situación' Si es posible decidir, usando las reglas del conocimiento establecido, si esta oración es verdadera o falsa, entonces el llamado acontecimiento no es un acontecimiento" (Badiou 2006: 46).

El acontecimiento no es detectable usando las reglas de conocimiento establecidas dentro de una situación, precisamente porque él –el acontecimiento– *es* en tanto inaugura su propio régimen de verdad, que es por cierto diferente al régimen de conocimiento existente. La diferencia radica en que la verdad que da lugar al acontecimiento no puede entenderse si no como un *axioma de verdad*, que en cuanto tal constituye su propia base de sustento; se presenta al mundo sin ningún antecedente conocido, como un aparecido, un extraño que le grita al mundo, he aquí A., desde ahora, nunca desde antes.

Badiou nos da sus ejemplos que aluden a los cuatros registros en que un acontecimiento podría tener lugar, el arte, la ciencia, el amor y la política:

> "la aparición, con *Aeschylus*, de la Tragedia teatral; la irrupción, con Galileo, de la física matemática; un encuentro amoroso que cambia toda una vida; la revolución Francesa de 1792" (Badiou 2006: 46).

Badiou es enfático en señalar que primero debe pasar algo indescifrable dentro de los códigos establecidos en una situación dada y luego y solo luego, es posible que el proceso de verdad, esto es, la afirmación de dicho acontecimiento pueda tener lugar.

Vemos en esto la coincidencia con la tesis de Arendt de la novedad radical expresada en ese diálogo imaginario que nos recrea la autora alemana-americana, sostuvo el rey Luis XVI y su mensajero el Duque de La Rochefoucauld-Liancourt, en la noche del 14 de julio de 1789, en París, cuando el rey enterado de los sucesos de la Bastilla, exclamo: *"C'est une révolte"* y la respuesta de Liancourt *"Non, Sire, c'est une révolution"* (Arendt 1988: 63).

En este diálogo se observa, por una parte, el último intento impotente de Luis XVI por inscribir los sucesos de la Bastilla dentro de una categoría reconocida –la revuelta– lo que significaba un curso a seguir previsible y seguro. Las revueltas han existido siempre y si bien algunas han sido catastróficas, mucha de ellas son controlables por el poder del rey. La respuesta de Liancourt, por el contrario, no puede entenderse si no como la declaración de fe en un acontecimiento nunca antes visto, sin precedentes en su conocimiento de mensajero. De allí que Liancourt, conmovido podremos imaginar por la novedad radical que observaba, sobrepasa las bases explicativas de que disponía y a las que Luis XVI en su último esfuerzo "normalizador" le invitaba, y rechaza la calificación de revuelta y asume, con todos los riesgos que ello implica, la exclamación ignota 'es una revolución', convirtiéndose con ello en su primer testigo, en su primer declarante.

Más aún, la posición que asume Liancourt nos permite entender la categoría de sujeto del acontecimiento en Alain Badiou. Para este, es el acontecimiento el que induce la aparición del sujeto quien para constituirse debe emitir la declaración de Liancourt, nos dice Badiou: "Este acontecimiento ha tenido lugar, es algo que no puedo evaluar, ni demostrar, pero respecto al cual seré fiel" (Badiou 2006: 47).

En tal sentido es el sujeto el que aprehende y fija el acontecimiento indecible, tomando para ello lo único que puede tomar, a saber, el riesgo de su declaración. Una declaración que es totalmente infundada, más aún, que es ella misma la que constituye su propio fundamento.

En tal sentido Badiou no tiene dudas en señalar que lo que sucede en una revolución en tanto acontecimiento, lo que hace que sus partícipes que se vieran en un comienzo como restauradores dejen de serlo, cuando 'toman consciencia', como decía Arendt, de que están dando lugar a un nuevo origen, es que tales hombres se enfrentan a una elección pura, una elección sin concepto, que para Badiou es:

"[U]na decisión confrontada por dos términos indiscernibles. Dos términos son indiscernibles si ningún efecto del lenguaje permite distinguirlos. Pero si ninguna fórmula del lenguaje discierne dos términos en una situación, entonces es evidente que la elección de verificación de un término antes que de otro no encontrará ningún apoyo en la objetividad de sus diferencias. Tal elección es entonces, una elección absolutamente pura, libre de toda otra presuposición que no sea la de elegir, y con ninguna indicación marcando los términos propuestos, el término que permita la verificación de las consecuencias del axioma para comenzar" (Badiou 2006: 47).

Se trata, por tanto, de una decisión no sujeta a discernimiento la que está envuelta acá, una decisión que se deriva solo de la toma de consciencia, del declarar sin ningún antecedente previo que lo respalde, salvo la fe en el acontecimiento, que los hechos ya no son más calificables como revuelta, sino como revolución.

Es así como ahora podemos arribar al punto que dejamos pendiente antes, aquel en que Arendt nos indicaba que lo propio de la revolución es su carácter de *Novus Ordo Saeclorum* (Arendt 1988: 62), esto es, de nuevo origen ya no más como fenómeno de la providencia si no político; y entender ¿cuál es el sentido de novedad radical que se produce en una revolución asumida como acontecimiento?

Lo que quiero sugerir es que la relación que es preciso realizar es la siguiente: el carácter de acontecimiento de la revolución al que nos estamos refiriendo, no puede entenderse si no se asume que desde el 14 de Julio de 1789, la novedad ya no es ahora patrimonio de los profetas o consagrados, sino de todos, especialmente como a menudo resaltaba Robespierre de harapientos y maldecidos. El nuevo origen, en tanto acontecimiento político, no puede entonces sino ser colectivo, esto es, el acontecimiento debe estar disponible a cada momento para que todos y cada uno de los individuos puedan declararlo y constituirse en sujetos del mismo. Badiou lo explica en una cita larga tomada de *Metapolitics*, de la siguiente forma:

> "Que el acontecimiento político sea colectivo prescribe que todos son militantes virtuales del pensamiento que procede sobre la base del acontecimiento. En tal sentido, la política es el único procedimiento de la verdad que no es solo genérico en su resultado, sino también en la composición local de sus sujetos [...] La política es imposible sin la declaración de que la gente, tomada indistintamente, sean capaces de asumir el pensamiento

que constituye el sujeto pos acontecimiento político. Esta declaración supone que un pensamiento político es topológicamente colectivo, lo que significa que no puede existir de otra forma que como el pensamiento de todos" (Badiou 2005b: 142).

Es por ello que a contrapelo de lo que parece ser ahora la posición mayoritaria de los estudiosos de Arendt que critican su insistencia en la 'autonomía de la política' (véase por ejemplo el artículo de Wellmer 2000: 232), conviene sostener con Arendt vía Badiou que es precisamente esta condición de universalidad de la revolución como acontecimiento político, lo que dota a esta, la política, de su sello distintivo en cuanto promesa y posibilidad de emancipación, y en cuanto tal es eminentemente autónoma o constituyente. No tanto porque esté dotada de sus propias normas, sino fundamentalmente porque es capaz de dar origen permanente e indeciblemente a nuevas posibilidades de libertad política. Es en tal medida que Antonio Negri en su texto *Poder Constituyente* puede establecer finalmente la relación esperada entre poder constituyente y revolución; se pregunta Negri:

> "¿Qué significa pues poder constituyente, allí donde su ausencia no puede ser reducida al poder constituido sino que debe ser recogida en su originaria productividad? Significa antes que nada establecer una continua relación entre poder constituyente y revolución, una relación íntima y circular: así que allí donde hay poder constituyente hay revolución. Ni la revolución ni el poder constituyente tienen fin jamás cuando están interiormente conexionados" (Negri 1994: 44).

La 'autonomía de la política' que emana de la revolución en cuanto acontecimiento, no sería entonces una disociación por parte de la política de las complejidades de la fábrica social, sino su sello distintivo en cuanto constituyente de nuevas formas de autogobierno. Más aún, lo que importa, en el plano en el que estamos discutiendo, no es tanto la fórmula concreta en la que termina traduciéndose el acontecimiento de la revolución, sino su inspiración permanente, aquella que Arendt no tiene duda en señalar que emana de "las condiciones elementales de la propia práctica", como ella nos dice, y la cito:

"[a]l igual que en el caso de los acuerdos originales, 'coasociaciones' y confederaciones en la historia colonial de América del Norte, vemos aquí como el principio federal, el principio de la liga y alianza entre unidades separadas emanan de las condiciones elementales de la propia práctica" (Arendt 1965: 267).

Para Arendt, dicha inspiración se trata, como se sabe, de la *constitutio libertatis*, de la libertad política que constituye la llama que encendió, y se mantuvo viva hasta donde pudo, no solo la revolución americana y francesa, sino también la comuna de París, el establecimiento de los soviets en la Rusia de 1917, el intento de formar consejos en la Revolución Húngara de 1956, y –agregamos nosotros– los cordones industriales y comandos comunales que emergieran sin someterse a directrices partidistas en los años más álgidos de la unidad popular en el Chile de 1972.[22]

Es por ello que conviene reivindicar la intuición original de Arendt, a pesar incluso de algunos de los desarrollos teóricos que le siguieron, porque lo que muestran las experiencias antes mencionadas, no es una desvinculación radical entre lo político, lo social y lo económico como a menudo se le achaca a Arendt, sino una constatación que es solo desde la libertad política, esto es, desde la prosecución del deseo perenne del autogobierno, desde donde la emancipación económica y social encuentran su lugar creativo y radicalmente novedoso, a pesar de su reiteración en el tiempo.

Para graficar este punto, recordaré la interpretación que da Arendt a la respuesta que diera Lenin cuando se le pidió que resumiera la esencia y los objetivos de la Revolución de Octubre. Lenin señaló sin titubeos: "Electrificación más soviets". La lectura que da Arendt a la respuesta de Lenin, a pesar de su correcta intuición inicial, pierde sin embargo el rumbo, nos dice Arendt:

> "La respuesta es notable, en primer lugar, por lo que omite: el papel del partido, de una parte, y la construcción del socialismo, de otra. En su lugar, encontramos una separación que nada tiene de marxista entre economía y política, una diferenciación entre electrificación, como solu-

[22] Véase, Silva (1999); Gaudichaud, (2004).

ción a la cuestión rusa, y el sistema de los soviets, como cuerpo político surgido de la revolución al margen de todos los partidos. Lo que parece aún más sorprendente en un marxista es sugerir que el problema de la pobreza no se resuelve a través de la socialización y el socialismo, sino mediante instrumentos técnicos; en efecto, la tecnología, a diferencia de la socialización, es neutral desde el punto de vista político; no prescribe ni excluye una forma determinada de gobierno" (Arendt 1988: 86-87).

Lo que Arendt ciertamente pasa por alto es el adverbio de cantidad *más*, ubicado entremedio de electrificación y soviets que Lenin recalca y que, me parece, marca la diferencia en su respuesta. No es que la economía y la política sean necesariamente dos esferas separadas. El punto de Lenin más bien es que es solo una economía, o incluso una tecnología, expresada a través de los soviets, lo que constituye la esencia de la Revolución de Octubre, al menos hasta el momento en que Lenin pronunciara dicha respuesta. Son los soviets, la expresión del deseo de autogobierno que emanaran de 'las condiciones elementales de la propia práctica', tal y como lo viera Arendt, y no la electrificación, la novedad radical de la revolución de Octubre. Son los soviets los que hacen que un elemento en apariencia alejado de la política como es la electrificación, se convierta en el corazón de la libertad política, no porque la electrificación sea sometida a una suerte de reificación misteriosa, sino simplemente porque es electrificación *más* soviet.

Volvamos ahora, para finalizar, a la cuestión del *Novus Ordo Saeclorum* como característica fundamental del fenómeno moderno de la revolución, punto en el cual Arendt y Badiou parecen coincidir. El problema, sin embargo, de la coincidencia de Arendt y Badiou en este punto, es que con ello se abre una brecha en apariencia insuperable entre el antiguo y el nuevo orden como diría Arendt, o entre el ser y el acontecimiento como lo expresaría Badiou, que nos parece condenar a una disrupción absoluta entre ambos ordenes, que no encontraría si no solución en una suerte de idealismo encubierto[23]. Es esta preocupación la que motiva

[23] Las críticas al idealismo encubierto de Badiou no solo han provenido de Žižek, véase también las críticas formuladas por Hallward 2003 43, 241-42; Bensaïd 2004: 97, 102-03, 105; y Marchart 2005: 119-20. En la tesis opuesta y en defensa del materialismo de Badiou véase, Bosteels 2004ª: 153-54; y 2004b: 103.

una tercera aproximación al mismo problema desarrollada por otro pensador contemporáneo, como es Slavoj Žižek con su teoría del acto revolucionario[24].

La teoría del acto (revolucionario) de Žižek intenta repensar un problema que siempre ha sido planteado como una relación de oposición (Ser y Evento) o ruptura (una discontinuidad radical), ahora en términos de unidad o continuo. Como Žižek lo ha establecido criticando la noción del acontecimiento de Badiou:

> "El problema materialista es cómo pensar la unidad del ser y el acontecimiento [...] cómo un acontecimiento puede emerger desde el orden del ser... es decir, cómo el orden del ser tiene que estar estructurado de forma tal que algo como un acontecimiento sea posible" (Žižek y Daly 2004: 137).

Es importante precisar en esto que lejos de lo que podría parecer a primera instancia, lo que Žižek está acá formulando no es un acto de libertad similar a aquel teorizado por Badiou en la teoría post-Marxista, ni tampoco por Hannah Arendt en la tradición republicana. Como Žižek lo ha dejado en claro, para Arendt, así como para Badiou, el acto de libertad parece estar más cerca de la naturaleza de un milagro, el que "es opuesto al completo dominio de la provisión de servicios y bienes, de la mantención del hogar y del ejercicio de la administración, que no pertenece a la política propiamente tal [...]" (Žižek 2001: 113).

Para ser preciso, lo que distingue a Žižek de Arendt en este respecto es la insistencia que Žižek hace por afirmar que aunque la libertad, "[n]o puede ser explicada por una cadena confiable de causa y efecto y es inexplicable en las categorías aristotelianas de potencialidad y actualidad", como Arendt (1968: 165) lo ha establecido, está, sin embargo, "contenida en las relaciones sociales implícitamente declaradas 'no políticas' –esto es, naturalizada– en el discurso liberal", como Žižek ha enfatizado (2001: 113).

Ello hace que el acto propiamente político en Žižek sea un acto inscrito y no ajeno a la situación de la cual emana. Más aún, el verdadero acto

---

[24] Para un desarrollo extenso de esta teoría, véase el Capítulo Primero de este libro: *La Materialidad Indecible de lo Político: Žižek y la Teoría del Acto.*

de libertad para Žižek no está "garantizado por cada nuevo nacimiento [al menos no un nacimiento biológico]", como Arendt (2004: 616) lo ha establecido. Por el contrario, en la reflexión žižekiana la libertad está más próxima de la muerte (simbólica) del individuo, el que, "no debe[ría] restringirse meramente a elegir entre dos o más opciones DENTRO de un conjunto dado de coordenadas, sino que debe[ría] elegir cambiar dicho conjunto de coordenadas en sí mismo" (Žižek 2001: 121, mayúsculas del original); lo que no es otra cosa que elegir su propia muerte[25].

Esta es la razón de por qué Žižek ha afirmado, en contra de Arendt, que "los actos son 'imposible' no en el sentido de que es 'imposible que ocurran' sino en el sentido de 'imposible que ocurrieran'" (Žižek: 2004b: 80). Resaltando así, por tanto, el carácter retroactivo y fundador del acto revolucionario. O si se prefiere, para Žižek el punto de nuevo parece ser el poner la mirada en las nuevas coordenadas (y en el horizonte del ser "(im)posible"), abierto por un auténtico acto revolucionario, que consecuencialmente cambiaría incluso el significado mismo de la condición de posibilidad.

Ésta es también la diferencia que debe ser enfatizada entre la insistencia que Žižek hace de la 'unidad ontológica-óntica' que da lugar a un acto y la tesis de Arendt de la 'suspensión de la temporalidad', como la característica ontológica de la acción política (óntica), o como Žižek ha precisado, para Arendt:

> "[A]ccionar, o la capacidad de los hombres para comenzar algo nuevo, 'desde la nada', no es reducible a una reacción estratégica calculada ante una situación dada, tiene lugar en la brecha no-temporal entre el pasado y el futuro, en el hiato entre el fin del viejo orden y el comienzo del nuevo que en la historia es precisamente el momento de la revolución" (Žižek 2007: 224, refiriéndose a Arendt 1990: 205).

Como hemos visto, Žižek, por el contrario, lejos de enfatizar la brecha que existiría entre el Ser y el Acontecimiento, insiste en asumirlos como una unidad 'redoblada', esto es, una unidad originada por la torsión en el orden de las condiciones materiales de existencia, a partir de la cual

---

[25] En esto, Žižek está siguiendo la tesis de la segunda muerte o muerte simbólica desarrollada por Lacan (1992: 320); y Lacan (2001: 122).

un acontecimiento tiene lugar, el que cambia al mismo tiempo dichas condiciones[26].

En tal sentido, la teoría del acto de Žižek permite concebir la noción de revolución como una categoría inmanente al campo de las condiciones materiales en la que tiene lugar, pero radicalmente nueva a la vez. Así, en Žižek, la noción de revolución aparece des-teologizada, esto es, desprendida de su carácter de mera gracia que Badiou y en alguna medida la propia Arendt le han atribuido. Más aún, la revolución en Žižek es siempre pensada como un producto de la acción de los sujetos que la deciden, más allá de que no sepan en verdad la historia que están haciendo, como Marx un siglo antes ya lo había declarado.

Finalmente, conviene precisar que a pesar de la crítica materialista que Žižek formula tanto a la manera en que Arendt y Badiou entienden la revolución, esto es, como un nuevo origen radicalmente indecible con las condiciones actuales en que tiene lugar, antes que como una dobladura dentro dichas condiciones, comparte con ellos la valoración positiva respecto a la vigencia que mantiene el acto revolucionario como posibilidad emancipadora en las sociedades contemporáneas.

Ante las incertidumbres y riesgos que la tesis de Žižek genera, me parece que sigue siendo, sin embargo, la noción de Arendt, de libertad política, entendida como el deseo perenne de autogobierno, la medida insuperable del verdadero potencial universalista y libertario del acontecimiento revolucionario. Sin ella —la libertad política—, la revolución se presenta como un seudo acontecimiento amenazante. Más aún, sin la libertad política, y enfrentados a la respuesta de Lenin de "electrificación más soviet", en un mundo repleto de necesidades económicas y sociales, resulta fácil ceder a la tentación en la que el propio Lenin cayó, de privilegiar la electrificación a costa de los soviets. Parte de la tragedia del socialismo realmente existente tuvo que ver con dicho olvido, esto es, el olvido de que es la *constitutio libertatis* el espíritu de la revolución, la que no debería ser nunca sacrificable a las metas de la técnica, la economía o la 'real politik'.

---

[26] Similar idea es planteada por Rex Butler, quien sostiene que "el acto es un cierto *doblamiento* del significante-maestro" (Butler 2005: 69, énfasis del original).

III La emergencia de lo político: *Una Crítica desde Badiou y Žižek al constitucionalismo liberal*[27]

El constitucionalismo ha tenido como pretensión fundamental el resguardo frente al arbitrio del poderoso. Su institución principal ha sido la regla de derecho, la que ha prometido poner a buen resguardo a los partícipes de la sociedad política. Sin embargo, conviene preguntarse si la regla de derecho ha dado o no cumplimiento satisfactorio a su promesa explícita de reglar a todos los actores del juego constitucional. En otras palabras, la pregunta a explorar en este capítulo es ¿si duerme tranquila la república al ser guardada en su sueño institucional por la regla de derecho que le promete protección del siempre voraz arbitrio del soberano?

Conviene, primero que todo, dejar asentada una cierta ambigüedad que entrecruza las definiciones más conocidas de esta noción de "regla de derecho" y que ha llevado a muchos constitucionalista contemporáneos a reconocer que en ella, la regla de derecho, se incuba un constante, continuo e irresoluble debate (Gallie 1955-56: 167).

En efecto, desde un punto de vista formal, la regla de derecho no alude más que a un conjunto de reglas del juego que serían aplicables a todos los actores involucrados en él. Así definida, la regla de derecho no solo referiría a aquello que parece evidente e inherente a su definición, esto es, a un conjunto de reglas, sino además a su pretensión universalista, llamémoslo así, esto es, a la promesa de regular la actividad de todos los actores del juego, incluso aquellos que hacen dichas normas. Ello, por cierto, es una pretensión fuerte y difícil de concebir si pensamos que

---

[27] Una versión previa fue publicada como: "Constitucionalismo y la regla del derecho: El problema del universalismo y la transgresión", *Estudios Constitucionales* 2 (2010): 31-48.

el actor principal del juego constitucional sigue siendo el Estado (o sus administradores de turno), porque como Thomas Hobbes a menudo recordaba en *De Cive*, "un Estado lo suficientemente poderosos para protegernos es también potencialmente poderoso para reprimirnos" (Hobbes 1966a: 175f.), o como lo diría en el *Leviatán* para que no quedase duda[28]: "Aquél que puede atar, puede desatar; por lo tanto aquél que solo está atado a sí mismo, no está en verdad atado" (Hobbes 1966b: 252).

Es precisamente debido a este desafío, acuñado originalmente por Hobbes y recreado posteriormente por Carl Schmitt (2005), que la promesa "universalista" de la regla de derecho ha resultado habitualmente controvertida cuando se le discute más allá de las tranquilas aulas del liberalismo; dando lugar a los irresolubles debates a los que aludía antes Gallie, y que ha llevado a connotados teóricos legales a expresar, como lo ha hecho con elocuencia Judith Shklar en su artículo "Political Theory and rule of law" de 1998, que:

> "Gracias al abuso ideológico y al sobre-uso general, la regla de derecho puede ser observada como uno de esos instrumentos retóricos auto-congraciados y sin sentido que adorna las declaraciones públicas de los políticos Anglo-Americanos" (Shklar 1998: 21).

Pero, ¿qué es lo verdaderamente problemático en esta condición universalista de la regla de derecho, en esta pretensión de querer normar las acciones de *todos* los miembros del juego, poderosos o vasallos, nobles o descamisados, carismáticos o imbéciles, creyentes o condenados, capitalistas o proletariados? ¿Es acaso la imposibilidad de producir dicha condición lo problemático, esto es, la imposibilidad de dar a luz una regla o conjunto de reglas aplicable para todos por igual –como nos sugiere Hobbes y Schmitt–, o se trata más bien de lo enigmático que resulta constatar que dicha condición, una regla igual para todos, *sería solo posible restrictivamente*, ello debido al carácter eminentemente

---

[28] Al momento de escribir este manuscrito se encuentra ya consolidado el último golpe de estado "institucional" en Latinoamérica, ocurrido específicamente en Honduras a mediados de 2009. Ello, por cierto, nos presenta con patente actualidad lo exigente de la pretensión universalista de la regla de derecho, en frente de una siempre campante amenaza de extralimitación del poder del Estado (o de sus administradores de turno).

excluyente, inherente en la ley, que para convocar algunos iguales debe mantener a otros excluidos –como nos dirán autores post-estructuralistas como Badiou y Žižek–?

El fracaso del universalismo de la norma: generalidad *versus* excepción

Varias cosas hay que precisar a este respecto para entender mejor estas alternativas, aún manteniéndonos en una reflexión meramente formal, esto es, antes de recurrir a la historia para ver cómo ésta se ha encargado de moldear concretamente estas problemáticas. Primero, diremos que esta idea de que la regla de derecho postularía un conjunto de normas del juego aplicables a todos sus partícipes requiere, en verdad, una teorización de la propia noción de *norma* que se interrogue cómo ella, la norma, resultaría al menos conceptualmente compatible con la condición de aplicabilidad a todos buscada.

Es Lon Fuller quien quizás en mayor medida sigue esta línea reflexiva y logra ensayar, o si se prefiere sistematizar, una serie de reflexiones que apuntan directamente a responder la pregunta antes mencionada. Para Fuller, en su clásico texto *La Moral del Derecho*, existen ocho condiciones que una *norma* debe poseer para poder dar cumplimiento a la promesa de aplicabilidad a todos los partícipes del juego, inherente a la regla del derecho en comento, a saber: 1. generalidad, 2. promulgación pública, 3. irretroactividad, 4. claridad y comprensibilidad, 5. coherencia y consistencia lógica, 6. realizabilidad, 7. duración y 8. obediencia oficial (Fuller 1967: Capítulo 2).

De todas ellas es la *generalidad* la que condensa la mayor expectación explicativa para el problema del universalismo en comento. Que una norma sea general implica que la instrucción, directriz o simplemente acto jurídico que ésta contiene, está dirigida a regular uniformemente a todos los integrantes de una categoría dada. Así, una norma que grava la compra venta de bienes raíces sería general si se aplica en principio a todos aquellos que puedan estar en condiciones de celebrar dicha compra venta. La generalidad haría, según Fuller, por tanto, que una norma logre inmunizar, a lo menos conceptualmente, aquello que le es inherente, esto es, su carácter contingente que se deriva del hecho de ser fruto de la expresión de voluntad de los órganos soberanos de un Estado. La contingencia del origen de la norma implica que ella, la norma, está siempre en riesgo no solo de discriminar, sino de *discriminar arbitrariamente*, esto es, no sujeta a otra razón que la no-razón de la decisión del acto del gobernante. O siguiendo a Schmitt, a la *razón* construida tras, pero nunca previa, la decisión, puesto que como él nos ha dicho, "observada normativamente, la decisión emana de la nada" (Schmitt 2005: 31-32).

Como se ve, la generalidad de la norma es lo que permitiría que los sujetos a ella puedan prever qué es lo que les ocurrirá, puesto que las opciones no serían otras que, o estar dentro de la regla o estar fuera de ella, ambas situaciones conocibles *a priori* por los actores.

Lo que Fuller sin embargo no analiza con tanta atención es el problema de la excepción. Una excepción hace que la generalidad de la que se reviste la norma no logre nunca estar dotada de un carácter universal, esto es, aplicable a todos *sin excepción*, sino que termine reafirmando la particularidad del segmento al que se dirige dicha generalidad. En efecto, las excepciones a una norma al demandar expresamente una base explicativa dentro de ella –la norma– (por ejemplo la excepción al pago de impuestos cuando se celebran compra ventas de bienes raíces por los nacionales de un país en lugares limítrofes, en base a razones de seguridad nacional) no hace más que ratificar el carácter particular de la generalidad de la norma (en el ejemplo del impuesto que grava las compraventas de *casi todos* los bienes raíces). En tal sentido, el género es reforzado precisamente por las exclusiones que lo rodean, no lográndose nunca que éstos, los sujetos de las exclusiones –los excluidos–, sean incorporados por la norma, salvo a través de su propia exclusión como nos precisa Giorgio Agamben (1998: 26). Más aún, y siguiendo en esto a Agamben en su capítulo segundo de su texto *Estado de Excepción*, podríamos afirmar que "con el propósito de aplicar una norma es finalmente necesario suspender su aplicación, producir una excepción" (Agamben 2005: 40), porque, la excepción –dejando en esto Agamben– no es más que el sustrato implícito de la generalidad y que expresa el fracaso del universalismo pretendido en toda norma.

Piénsese, por ejemplo en la norma "solo los mayores de dieciocho años pueden votar", ¿no es acaso la exclusión de los que tienen diecisiete años, once meses y trescientos cincuenta y cuatro días al momento de la elección, la expresión más palpable de que la generalidad de dicha norma no puede sino asentarse en un cúmulo de excepciones que siempre revisten el carácter de exclusiones? Quizás es por ello que Alain Badiou en su análisis de San Pablo, al que volveremos al final de este artículo, nos dice que "la ley es siempre predicativa, particular y parcial" (Badiou 2003: 76).

El punto es, sin embargo, saber si dichas exclusiones son o no arbitrarias y porqué. Más aún, ¿si la ley es siempre parcial en su generalidad, en que quedaría entonces la promesa explícita del universalismo presentada por la regla de derecho?

El desafío del arbitrio a la regla de derecho

Antes de indagar esta pregunta, permítanme primero evaluar el carácter general de la norma en relación al motivo central del surgimiento de la regla de derecho, esto es, la pretensión de controlar el arbitrio de los gobernantes. La cuestión previa a analizar ahora es: ¿logra el carácter general de la norma que el poder del Estado que la crea quede sujeto a ella, como un partícipe más del juego constitucional? ¿Podemos en definitiva dejar zanjado el dilema de Hobbes que ya antes recordáramos? La respuesta es, me parece a mí: no necesariamente.

Lo que postula en verdad el carácter general de la norma, ahora en relación al poder del Estado, es fijar derroteros claros para su expresión, colocando luces rojas para evitar que su poder se manifieste arbitrariamente, o cuando ello ocurra todos sepamos que así sucedió. El constitucionalismo no es ingenuo, y sabe que nada está asegurado, pero nos afirma que en la medida que el poder del Estado se exprese en esta forma civilizada, la partida estaría ganada en todo lo que puede ser ganada.

Es esta intuición, la que acompañó la experiencia histórica de la regla del derecho dentro del constitucionalismo moderno, surgido como nos recuerda Hannah Arendt "para prevenir la marea de las revoluciones" (Arendt 1963: 143). En efecto, al menos en la experiencia de la revolución americana, el constitucionalismo aparece como una manera de frenar el poder antes que de tomárselo (Sejesterd 1998: 133). Más aún, observada la regla de derecho desde su perspectiva histórica al interior del constitucionalismo moderno, aparece ella asociada a una noción mucho más amplia que la mera alusión a las reglas del juego, y que queda ahora mejor expresada por el término *Rechtsstaat*, o en su traducción española, estado de derecho, liberal, agregaríamos de inmediato.

El *Rechtsstaat* liberal, si seguimos en esto a Schmitt en su texto la *Teoría de la Constitución*, pero también a liberales republicanos como Philip Pettit, refiere al conjunto de arreglos institucionales que históricamente tuvieron como norte sujetar el poder estatal; ponerlo bajo control. Citemos a Schmitt por un momento:

> "Todo el esfuerzo del *Rechtsstaat* burgués está puesto en reprimir lo político, comprimiendo todas las expresiones de la vida del Estado en una serie de prescripciones, y transformando toda la actividad del Estado en acciones realizadas dentro de esferas de competencias precisamente articuladas, y en principio limitadas" (Schmitt, citado en Slagstad 1988: 108).

En el *Rechtsstaat* liberal no solo se incluiría la idea del imperio de la ley, sino también la de la dispersión y/o oposición de poderes y de la prohibición para que las simples mayorías puedan alterar los ejes centrales de la constitución, especialmente los derechos o libertades fundamentales.

De estas condiciones es la noción del 'imperio de la ley', la fundamental. Se trata de una idea expresada en la frase de James Harrington (1611–1677), uno de los más destacado republicanos del siglo XVII, en su texto *The Comonwealth of Oceana and A System of Politics*, que señala que todo sistema de gobierno debería ser "un imperio de la ley y no de los hombres" (Harrington 1992: 81). Schmitt, a su vez, nos dice respecto al imperio de la ley lo siguiente:

> "Esta idea fundamental del *Rechtsstaat* supone, histórica como intelectualmente, el rechazo a la regla de *personas*, ya sea una persona individual, una asamblea, o un cuerpo cuya *voluntad* toma el lugar de una norma general que es igual para todos y que es previamente determinada. La regla de derecho significa sobretodo y en primer lugar que el propio poder

legislativo esté sujeto por sus leyes, y su autoridad sea la que llegue a ser ley, no los medios de una regla arbitraria" (Schmitt 2008: 181).

Ahora bien, esta idea del imperio de la ley no solo demanda que la ley tenga una determinada forma como la señalada por Fuller, sino además que *toda* ley que se dicte debe tener dicha forma, esto es, de que no existiría opción para los gobernantes entre elegir actuar de acuerdo a una ley "tipo-Fuller" o seguir meras decisiones basadas en justificaciones *ad-hoc* o *ex-post*.

La solución encontrada para garantizar esta segunda condición del imperio de la ley es ofrecida por Joseph Raz, el discípulo de Hart, quien complementando las ocho condiciones de Fuller agrega, en su texto a esta altura clásico, *La Autoridad de la Ley* de 1979[29], un noveno requerimiento para la ley, a saber: la existencia de una estructura jerárquica que exija que las reglas o normas particulares, que de hecho existen en todo sistema legal, se conformen a las reglas más generales, salvándose así el posible arbitrio escabullido en la particularidad de dichas normas. De esta forma, el imperio de la ley sería condición necesaria para que, como lo sugiere Philip Pettit (1997: 176), citando a Bridget Hill, "las acciones de nuestros gobernantes no fueran una mera expresión de una inconstante, incierta, desconocida y arbitraria voluntad" (Hill 1986: 76).

La dispersión de poderes, la segunda condición necesaria para la existencia de un *Rechtsstaat* liberal que controle el poder del Estado, a diferencia del imperio de la ley que apuntaba a la forma y contenido de la ley, refiere ahora a la manera en que ésta, la ley, opera o se ejerce. Esta condición ha sido famosamente instituida por Montesquieu en *El Espíritu de la Leyes*[30], y retomada por Madison en *El Federalista* 47, quien nos dice:

> "La acumulación de todos los poderes, legislativo, ejecutivo y judicial, en las mismas manos, sean éstas de uno, de unos pocos, o de muchos, hereditarias, autonombradas o electivas, puede decirse con exactitud que constituye la definición misma de la tiranía" (Madison *et al* 2001: 204-205).

---

[29] Raz (1985).
[30] Montesquieu (1972).

La dispersión de poderes alude, sin embargo, a una pretensión más antigua que la consignada en el constitucionalismo moderno y que se entronca con reflexiones de autores como Marchamont Nedham[31], extendiéndose hasta la idea antigua de los gobiernos mixtos, esto es, la idea de que diversos sectores de la sociedad se expresen en el gobierno a través de sus representantes y el poder sea distribuido soberanamente entre ellos. La racionalidad detrás de esta idea de la dispersión de poderes es, por cierto, la de evitar el aumento de probabilidades del ejercicio del poder arbitrario que se derivaría de su concentración en unas mismas manos, no solo de uno, sino también de pocos o de muchos, como nos dice Madison. No es solo, por tanto, el tirano individual el que se tiene en mente evitar sino también, y de sobremanera, a la tiranía de las multitudes electas o autoproclamadas.

Ello nos lleva a la tercera condición del *Rechtsstaat* liberal, que no es otra que la protección de la república del ejercicio despótico de las mayorías. Se trata de todos aquellos mecanismos constitucionales, por ejemplo la exigencia de quórum calificados para reformar leyes constitucionales o la prohibición absoluta de dictar leyes o realizar actos administrativos que afecten derechos esenciales de los individuos, consagrados por la constitución.

Pero, de nuevo en esto convenga ser un tanto más exigente con lo razonable que estas limitaciones pudieran parecer *prima facie*. Para ello permítanme formular el problema de la siguiente forma: ¿Qué justificaría que una república democrática constitucional, cuya legitimidad de existencia –o al menos de ejercicio– está basada en el consentimiento activo de todos sus sujetos, pueda mantener mecanismos que restrinjan la expresión de la mayoría?, en otras palabras, ¿qué justificaría que las multitudes se protegieran de sí mismas? La dispersión de poderes antes mencionada no responde dicha pregunta, pues su preocupación central es proveer un mecanismo para evitar que dicha hipótesis siquiera surja. Sabemos, sin embargo, que la exigencia de quórum calificado, por ejemplo, nos confronta con la demanda de construir una racionalidad que explique dicha limitación, más aún en sociedades en donde el paradigma de la democracia como el gobierno del pueblo aparece muy extendido.

[31] Véase, Nedham (1656).

Las razones dadas por el republicanismo son sin duda atendibles, pues apelan como lo dice Pettit a "un ideal de libertad de no-dominación" que permitiría distinguir entre leyes buenas y las que no lo son (Pettit 1997: 182). Sin embargo, ello no solo no evita la tensión entre, por una parte, una noción vulgar de democracia, la que privilegia el respeto irrestricto a las mayorías, y, por otro lado, las restricciones constitucionales a estas últimas (aunque ellas estén basadas en el noble ideal democrático), precisamente porque los intereses detrás de las multitudes no son muchas veces tan nobles. Más aún, lo que es más significativo para lo que nos inquieta, el ideal republicano propuesto por Pettit instala un problema adicional: ¿Qué sucede si tras la justificación de proteger el ideal de libertad de no-dominación se escondieran restricciones que apunten a intereses igualmente menos nobles, pero esta vez, no asociados a las multitudes, sino a los sectores privilegiados de la sociedad, con más recursos para influir en los autores de dichas restricciones, los legisladores?

De la interpretación de la ley a su "Condición inherente de esclavitud"

La interrogante con que se cerraba la sección anterior tiene dos vertientes a explorar, la primera es la que se abre con la pregunta ¿quién debe ser el juez para decidir cuando ello ocurre y cómo resolverlo?, una pregunta que desde John Locke ha sido respondida apelando a una mayor o menor participación del pueblo[32].

Una segunda vertiente, que ahora quiero explorar, espero me llevará a reconectarme con alguna de las interrogantes que he dejado expresamente pendientes al comienzo de mi exposición. Se trata de la línea que se introduce cuando uno se interroga lo siguiente: si aceptamos que la restricción de las mayorías como condición del *Rechsstaat* liberal da lu-

---

[32] Locke expone el asunto en los siguientes términos: "¿Quién podrá juzgar si el príncipe o el cuerpo legislativo están actuando en violación de la confianza que se depositó en ellos? [...] Y respondo: el juez habrá de ser el pueblo; pues ¿quién podrá juzgar si su delegado o diputado está actuando de acuerdo con lo que se le ha encomendado, sino aquél que le ha encomendado la misión y conserva todavía el poder de destituirlo cuando el depositario del encargo no lo cumpla?" (Locke 1997: 230-231).

gar a un problema de parcialidad (que implica la exclusión de alguien), ¿debe entonces este problema ser entendido como un asunto del orden de la mera interpretación o es más bien inherente al carácter de la ley, que aquí uso como sinónimo de norma?

Si nuestra respuesta sigue la primera de las alternativas señaladas podríamos llegar a concebir un libro como *Law's Empire*, habitualmente traducido como el *Imperio de la Justicia*, que escribiese Ronald Dworkin en 1986[33]. En efecto, si nuestra óptica fuera, primero, constatar que a pesar de tener una república constitucional en donde las restricciones a las mayorías estén solo justificadas por el resguardo de la garantía del ideal de libertad de no-dominación, en los hechos abundan las prácticas abusivas de dichas restricciones, ejercidas por ejemplo por las labores de los órganos a quienes hemos entregado el control de dichas restricciones, e.g.: tribunales constitucionales. Segundo, que nuestra explicación para ello apelara a la forma restrictiva en que se está concibiendo el derecho y a su aplicabilidad 'positivista'. Tercero, entonces probablemente nuestra solución, al igual que Dworkin, sería extender la noción de derecho desde un conjunto restrictivo de normas a otra que asuma el derecho no solo como ello, un conjunto de normas (ya sea éstas, principales o de reconocimiento), sino, además, de principios. Una noción de derecho que descansa en una racionalidad extensiva asentada no solo en la interpretación de los jueces, los que nunca podrían alegar estar presos en el rigor formal de la ley para justificar restricciones abusivas a las mayorías, sino más importantemente en la labor "protestante" que realicen todos y cado uno de los ciudadanos. Permítanme citar en esto a Dworkin, en una cita más bien larga:

> "¿Que es el derecho? Ahora ofrezco una respuesta diferente. El derecho no queda agotado por ningún catálogo de reglas o principios. Cada uno con su propio dominio sobre algún discreto teatro de conducta. Ni tampoco por un grupo de funcionarios y sus poderes sobre una parte de nuestras vidas. Es la *actitud* lo que define el imperio de la justicia (el derecho) y no el territorio, el poder o el proceso. Estudiamos dicha actitud principalmente en las cortes de apelación donde se viste para la inspección, pero

---

[33] Dworkin (1986).

debe penetrar en nuestras vidas ordinarias si debe servirnos también en la Corte. Es una actitud interpretativa, introspectiva, dirigida a la política en sentido amplio. Es una actitud protestante que hace a cada ciudadano responsable por imaginar cuales son los compromisos públicos de su sociedad con respecto al principio, y que requieren estos compromisos en nuevas circunstancias. La naturaleza del discernimiento retrospectivo, así como también la suposición reguladora de que a pesar de que los jueces deben tener la última palabra, su palabra no es por ello la mejor, confirman el carácter protestante del derecho y reconocen el rol creativo de las decisiones particulares. La actitud del derecho es constructiva: su objeto, en el espíritu interpretativo, es colocar el principio por encima de la práctica para demostrar el mejor camino hacia un futuro mejor, cumpliendo con el pasado. Es, por último, una actitud fraternal, una expresión de cómo estamos unidos en una comunidad a pesar de estar divididos en lo que respecta a proyectos, intereses, y convicciones. Esto es, de todas formas, lo que el derecho es para nosotros: para las personas que queremos ser y la comunidad que queremos tener" (Dworkin 1992: 289-290).

Pero, ¿si el derecho no fuera nada de esto; sino fuera en verdad, al menos en su núcleo central, una actitud ni interpretativa, ni retrospectiva ni muchos menos fraternal, ni tampoco una expresión de "cómo estamos unidos en una comunidad a pesar de estar divididos en lo que respecta a proyectos, intereses, y convicciones [...]", esa frase hermosa que usa Dworkin para cerrar su libro? ¿Y si el derecho no fuera nada de eso, sino centralmente un conjunto de reglas, a pesar de su 'textura abierta', como insistía sin ilusiones Hart (1961), aun cuando alguna de ellas adquieran el nombre de principios; reglas que lejos de expresar actitudes fraternales estarían dirigidas por su propia condición de normas a ser 'predicativas, particulares y parciales' como nos dice Badiou (2003: 76) en *Saint Paul,* y por tanto a construir no solo exclusiones y/o excepciones, sino también esclavitud?

Permítanme por tanto explorar finalmente esta posibilidad, volviendo a la pregunta inconclusa, aquélla en la que me interrogaba: ¿si la ley es siempre parcial en su generalidad, en qué quedaría entonces la promesa explícita de universalismo presentada por la regla de derecho?

Parcialidad de la Ley y universalismo

Lo primero que hay que repreguntar es lo siguiente: ¿es la ley siempre parcial, y si es así que rutas alternativas podríamos disponer para alcanzar el universalismo?

La reflexión a la que me referiré parte afirmando que la ley, lejos de garantizar la libertad como lo sostiene la perspectiva kantiana, no hace más que anclarnos en una esclavitud perversa. Para ello, tanto Alain Badiou en su texto *San Pablo, las Bases del Universalismo*, como Slavoj Žižek comentando el trabajo de éste último en su texto *El Sujeto Espinoso, el centro ausente de la ontología política*, recurren a la famosa carta de San Pablo a los Romanos, capítulo séptimo, versículo séptimo al vigésimo tercero, que dice, en una cita larga que excuso sobretodo para los no creyentes, lo siguiente:

"¿Vamos a decir entonces que la ley es pecado? ¡Claro que no! Sin embargo, de no ser por la ley, yo no hubiese sabido lo que es el pecado. Jamás habría sabido lo que es codiciar, si la ley no hubiese dicho: 'No codicies'. Pero, el pecado se aprovecho de esto, y valiéndose del propio mandamiento despertó en mi toda clase de malos deseos. Pues mientras no hay ley, el pecado es cosa muerta. Hubo un tiempo en que, sin la ley, yo tenía vida; pero cuando vino el mandamiento, cobró vida el pecado, y yo morí. Así resultó que aquel mandamiento que debía darme la vida me llevó a la muerte, porque el pecado se aprovecho del mandamiento y me engañó, y con el mismo mandamiento me dio muerte. En resumen, la ley en sí misma es santa, y el mandamiento es santo, justo y bueno. Pero entonces, ¿esto que es bueno me llevo a la muerte? ¡Claro que no! Lo que pasa es que el pecado, para demostrar verdaderamente que es pecado, me causo la muerte valiéndose de lo bueno. Y así, por medio del mandamiento, quedó demostrado lo terriblemente malo que es el pecado. Sabemos que la ley es espiritual, pero yo soy débil, vendido como esclavo al pecado. No entiendo el resultado de mis acciones, pues no hago lo que quiero, y en cambio aquello que odio es precisamente lo que hago. Pero, si lo que hago es lo que no quiero hacer, reconozco con ello que la ley es buena. Pero, de hecho no soy yo quien lo hace sino el pecado que está en mí. Porque yo se que en mí, es decir en mi naturaleza débil, no reside el bien, pues aunque tengo el deseo de hacer lo bueno, no soy capaz de hacerlo. No hago lo bueno que quiero hacer, sino lo malo que no quiero hacer. Ahora bien, si hago lo que no quiero hacer, ya no soy yo quien lo hace, sino el pecado que está en mí. Me doy cuenta de que, aun queriendo hacer el bien, solamente encuentro el mal a mi alcance. En mi interior me gusta la ley de Dios, pero veo en mí algo que se opone a mi capacidad de razonar: es la ley del pecado, que está en mí y que me tiene preso" (San Pablo 2003: 1505).

La interpretación de Badiou apunta a resaltar una teoría del inconsciente subjetivo estructurado a través de la oposición entre vida y muerte. Es la prohibición de la ley la que permite que el objeto del deseo pueda realizarse a sí mismo, como nos dice Badiou:

"[i]nconsciente o involuntariamente, esto es, como vida en el pecado. Lo cual traería como consecuencia que el sujeto, descentrado, estaría en el lugar de la muerte" (Badiou 2003: 80).

A su vez, es el pecado, que para Badiou es la automatización de la repetición, el que ocuparía el lugar de la vida. Recordemos la frase de San Pablo: *Hubo un tiempo en que, sin la ley, yo tenía vida; pero cuando vino el mandamiento, cobro vida el pecado, y yo morí.* Es el pecado, entonces, el que vive por mí, pero lo hace exclusivamente porque la ley le dio vida, la vida que precisamente tenía yo sin la ley. Es por eso –sostiene Badiou– que para que la relación se revierta, y el sujeto ocupe nuevamente el lugar de la vida y el pecado el lugar de la muerte es necesario quebrar con la ley, que es la que intrínsecamente origina esta reversión que esclaviza al sujeto, y lo apresa en una vida que es ocupada no por él sino por el pecado.

Para Žižek, a su vez, la epístola de San Pablo debe ser leída como la lucha en que se encuentra el Apóstol para evitar la trampa de la perversión, esto es, la condición de que "la ley genera su transgresión debido a que necesita afirmarse a sí misma como ley" (Žižek 1999a: 148). Más aún, para Žižek, lo que está en juego acá es la división del sujeto producida por la ley, mediante la confusión entre vida y muerte, y cito a Žižek:

> "el sujeto está dividido entre obediencia (consciente) a la Ley y el deseo (inconsciente) de su transgresión generado por la propia prohibición legal. No es el Yo, el sujeto, quien transgrede la Ley, es el propio 'Pecado' no-subjetivizado, el impulso pecador en el cual no me reconozco a mí mismo, y que incluso odio" (Žižek 1999a: 149).

Para ejemplificar este ciclo perverso del que nos habla Žižek, quizás sea útil recurrir a algunos ejemplos más mundanos. El primero que se me ocurre es el de la ley que prohíbe el aborto en Chile. Se trata de una ley que pareciera totalmente ajustada a la defensa inalienable del derecho a la vida que cualquiera podría esperar que una constitución republicana liberal garantizare. Pero, ¿qué pueden significar en el contexto de la reflexión a la que Badiou y Žižek nos invitan, las más de 150.000 transgresiones a dicha ley que ocurren anualmente en nuestro país? Siguiendo a San Pablo podríamos decir que es debido a dicha ley que hemos aprendido que "no debemos abortar", porque ello atenta contra uno de los valores que nuestra república constitucional ha decidido resguardar. Pero también, podríamos reconocer, que es debido a dicha ley, y con la complicidad de ella o de los que la ejecutan o fiscalizan, que las transgresiones tienen lugar en una mórbida espiral de repetición. Un ciclo de muerte no solo para los fetos y muchas veces para sus madres, sino también para los médicos y auxiliares que vuelven y vuelven a la transgresión, a pesar de que uno podría imaginar pudiesen odiar dicha situación, como diría San Pablo. Más aún, pareciera ser que es este propio ciclo, a esta altura conocido por muchos, de transgresiones abortivas lo que mantiene clausurado la posibilidad de discutir un nuevo marco legal sobre el asunto, puesto que las transgresiones parecen haber sido ya normalizadas, no así el debate abierto sobre la permisividad legal del aborto.

Pero, el ciclo perverso de transgresión no solo aparecería en situaciones groseras como la del aborto, sino también en las leyes que recogen general y normal obediencia, que como sabemos son las más. Piénsese por ejemplo en la ley que obliga a realizar anualmente una declaración de impuestos a la renta. La transgresión acá no opera en verdad en forma de abierta rebeldía, lo que supondría una operación consciente, alejada precisamente de la lógica inconsciente de la transgresión, sino más bien, bajo la forma de evasión, como lo sabe cualquier fiscalizador del servicio de recaudación de impuestos. Evadimos impuestos, cuando nos refugiamos en el rigor de la fórmula, hoy incluso ni siquiera elaborada por uno, sino por el propio órgano recolector que nos propone lista nuestra declaración. El problema se presenta cuando la declaración propuesta no contiene las rentas que uno, aunque percibió, nunca formalizó, pues nadie se lo exigió y que ahora parece que nadie detectó. La operación de transgresión en tal caso adquiere la forma de una mera ratificación de un sistema de colección de impuesto que decide por mí, toma literalmente mi lugar, y que ya ha asumido previamente que un porcentaje marginal de evasión, resulta razonable de aceptar para un sistema tributario.

Lo que está en juego, en verdad, en la operación de la transgresión es una crítica radical a la naturaleza de la ley y a su promesa de universalismo. No se trata de una postura moralista por cierto, en esto Žižek tiene razón al afirmar que:

> "El problema de San Pablo no es la indicación moralista estándar (cómo eliminar mis impulsos transgresivos, cómo finalmente purificarme de mis impulsos pecadores), sino su opuesto exacto: ¿cómo puedo romper con el ciclo vicioso de la Ley y el deseo, de la prohibición y su transgresión, dentro de la cual puedo afirmar mis pasiones vitales solo dentro del marco de su opuesto, como un motor de muerte mórbido? ¿Cómo podría ser posible para mí experimentar mis impulsos de vida no como un automatismo foráneo, como una ciega 'compulsión a repetir' que me hace transgredir la Ley, con la reconocida complicidad de la propia Ley, sino como un completo subjetivizado positivo Sí, a mi vida?" (Žižek 1999a: 149-150).

Ésta, que pareciera ser una doctrina extraña y ajena a las preocupaciones circunspectas del constitucionalismo, adquiere toda su validez, me parece a mí, cuando se toma en serio lo que Carl Schmitt, el gran crítico del *Rechtsstaat* liberal, nos dice respecto a la relación entre decisión y ley, y lo cito:

> "El argumento legal último de toda validez y valor legal debe ser hallado en el acto de voluntad –la decisión– que como decisiones en general primero crea el *Recht*, y cuya fuerza de ley (*Rechtskraft*) no es derivada

de la fuerza de la ley de la regla de decisión, porque incluso una decisión no compatible con preceptos legales es válida. Esta fuerza de ley de las decisiones antinormativas es parte de todos los sistemas legales" (Schmitt citado en Slagstad 1988: 117).

En efecto, si el fundamento final de toda ley es el acto de decisión del gobernante que no deriva su validez sino de sí misma, entonces la ley genera su transgresión precisamente porque se trata de un acto en el que a pesar de las ficciones teóricas[34], nunca somos autores; se trata de la voluntad de otro, el gobernante. Como no-autores, la ley se nos presentaría en todo sistema legal, constitucional o no, como una experiencia ajena respecto de la cual aunque 'debía darnos la vida, nos llevó a la muerte' como nos dice San Pablo. Más aún, al no ser autores de la ley, ésta solo se dirige a aquellos que reconocen y practican las directrices que ella específica. Tal operación siempre involucra una 'enumeración, nombramiento y control de las partes de una situación' que la ley busca regular, como diría Badiou. Sin embargo, en dicha operación es la excepción –aquellos que están presentes, pero no representados–, lo que la ley no solo no puede evitar sino que requiere para su propia constitución en cuanto ley. Más aún, aunque hipotéticamente los que reconocen la ley son todos los representados (exceptuándose a los excluidos), éstos –los representados– al no ser autores caerían, siguiendo a Badiou y Žižek, inevitablemente en el ciclo mórbido de la transgresión.

Pero, ¿puede haber alguna esperanza, en el marco del constitucionalismo, para seguir aspirando al universalismo, que al parecer la ley no puede dar? Si uno acepta que la ley es la fuente intrínseca de la esclavitud, vía transgresiones repetitivas y exclusiones inapelables, entonces el camino parece cerrado por allí. Sin embargo, y volviendo finalmente a Schmitt, si uno considera que la validez final de la ley está en el acto de voluntad, una pista sería volver al origen, a donde se expresa dicha voluntad, esto es, al poder constituyente siempre en permanente tensión con el poder constituido que lo busca legalizar, como parece ser la propuesta de Antonio Negri en su texto *El Poder Constituyente* (1994). Se trataría de una tensión en donde, de tanto en tanto, la pura decisión, o

---

[34] Cf. Habermas 1996: 449.

conjunto de decisiones o, si se prefiere de fidelidades para usar un término de Badiou, podría afirmar y reafirmar su propio verdad, que para ser universal pareciese requerir encontrar un nuevo derrotero, quizás un nuevo lenguaje, al margen de la ley, cito a San Pablo en su *Carta a los Romanos*, 7 (1-5), para finalizar:

> "[H]ermanos ustedes conocen la ley, y saben que la ley solamente tiene poder sobre una persona mientras esa persona vive. Por ejemplo, una mujer casada está ligada por ley a su esposo mientras éste vive; pero si el esposo muere, la mujer queda libre de la ley que la ligaba a él. De modo que si ella se une a otro hombre mientras el esposo vive, comete adulterio, pero si el esposo muere, ella queda libre de esa ley y puede unirse a otro hombre sin cometer adulterio. Así también ustedes, hermanos míos, al incorporarse a Cristo han muerto con él a la ley, para quedar unidos a otro, es decir, a aquél que después de morir resucitó. De este modo, podremos dar una cosecha agradable a Dios. Porque cuando vivamos como pecadores la ley sirvió para despertar en nuestro cuerpo los malos deseos, y lo único que cosechamos fue la muerte. Pero, ahora hemos muerto a la ley que nos tenía bajo su poder, quedando así libres para servir a Dios en la nueva vida del Espíritu y no bajo una ley ya anticuada" (San Pablo 2003: 1504-1505).

¿Será acaso, entonces, que siguiendo a Lacan (1992: 320; 2001: 122), deberíamos primero morir, esto es, alcanzar la segunda muerte simbólica, la del Gran Otro, para renacer liberados de la ley?, ¿o en su símil constitucionalista, y siguiendo esta vez a Negri, de lo que se trataría sería el de ocupar, y no abandonar, la posición donde permanentemente se muere y nace a la vez, que no es otra que el sitio del constituyente popular?

IV. El atrapamiento de lo político:
Una crítica a la idea de cambio emancipador en Michel Foucault[35]

En los trabajos presentados por Michel Foucault en sus cursos del *Collège de France* de 1977-78 (*Seguridad, territorio, población*) y 1978-79 (*El nacimiento de la biopolítica*), así como en algunos de los textos paralelos que escribiera fruto de su experiencia en la revolución iraní, es posible pesquisar en Foucault una reflexión sobre el estatus del horizonte de lo posible-imposible de lo político, o si se prefiere, de la posibilidad del cambio radical o emancipador. En efecto, en *Seguridad, territorio, población*, Foucault adopta la noción de población como una categoría correlativamente vinculada a la de gobierno, entendida esta última como la forma contemporánea de poder político ejercida predominantemente a través de los aparatos de seguridad. La ruta seguida por Foucault lo conduce a observar que las prácticas de seguridad o gubernamentalidad como luego les llamará, lejos de ser asociadas a un territorio y al establecimiento del Estado como ocurre en el poder soberano, o a la estructuración de un espacio y al establecimiento de una jerarquía de elementos, como acontece en el poder disciplinario, están referidas al planeamiento de una "serie de acontecimientos o elementos posibles (…) que será preciso regularizar en un marco polivalente y transformable" (Foucault 2006: 40). Este marco multivalente y transformable es lo que Foucault llama población. Más aún, la noción de población aparece en los trabajos referidos en un doble carácter. Esto es, en tanto objeto "es

---

[35] Una versión previa fue publicada como "Población y pueblo: notas acerca de la posibilidad del cambio emancipador en Michel Foucault", en el libro *Michel Foucault: neoliberalismo y biopolítica*, pp. 315-332. Santiago: Ediciones Universidad Diego Portales, 2010.

decir, el blanco al cual apuntan los mecanismos [de seguridad] para obtener de ella determinado efecto". Y, "[como en cuanto] sujeto, (…) se le pide que se conduzca de tal o cual manera" (Foucault 2006: 63). Tal doble carácter se explica por la dependencia mutua que Foucault ha insistido existiría entre los procesos de objetivación y subjetivación, o entre la emergencia de un sujeto de conocimiento y lo que éste en definitiva conoce (Foucault 1994: 632ss). Esta idea servirá a Foucault para desarrollar toda una *Hermenéutica del sujeto* en sus cursos del *Collège de France* del año 1981-1982. Sin embargo, en *Seguridad, territorio, población*, es solo presentada para afirmar el carácter específico del marco sobre el cual se ejercen las modernas tecnologías de gobierno inauguradas en el siglo XVIII, cuya racionalidad, como nos indica el propio Foucault en su curso del año 1978-1979, *El Nacimiento de la biopolítica*, es el liberalismo y posteriormente los neoliberalismos del siglo XX: neoliberalismo alemán y americano (Foucault 2007ª: 41; 97s).

De esta forma, lo que interesa a Foucault es afirmar que "la conducción (*la conduction*)" de la población es posible, debido a que ella, en la visión de los teóricos del siglo XVIII, "solo puede tener un único motor de acción. Ese motor de acción es el deseo" (Foucault 2006: 96). Este es un punto central en la lectura que Foucault hace de la población ya que le permite afirmar que el problema con la gubernamentalidad que entonces se inaugura, lejos de estar puesta en el tema de cómo decir "no" a los deseos individuales, como en el modelo soberano, está puesta en cómo decir "sí" a tales deseos (Foucault 2006: 97). En otras palabras, Foucault describe así un nuevo tipo de control, el que no está basado en la proximidad (como en el poder soberano y disciplinario) si no en la aparentemente ajena distancia proveída por la libertad de acción; o si se quiere, por la libertad para seguir los propios deseos. Esto conduce a Foucault a reconocer que no había sido completamente adecuado afirmar, como lo hiciera en *Vigilar y castigar* (Foucault: 2002a: 224-226), que la instauración del liberalismo en el siglo XVIII cohabitó con técnicas disciplinarias que restringían la libertad de muchos (niños, trabajadores, soldados), proveyendo de esa forma las garantías necesarias para que la libertad "liberal" pudiera existir (Foucault 2006: 70). Por el contrario, para Foucault ahora la libertad no puede sino ser entendida en el contexto del despliegue de estas nuevas tecnologías del poder. Es decir, la libertad no es más que una consecuencia del desarrollo de los aparatos de seguridad los que, con el propósito de intervenir efectivamente en las actividades de los individuos, requieren que éstos persigan sus propios deseos. En otras palabras, la concepción de la libertad es modificada, pasando de ser una noción en la que la principal característica eran las "franquicias y los privilegios asignados a una persona", a otra en la que su rasgo central es la "posibilidad de movimiento, desplazamiento, proceso de circulación de la gente y las cosas" (Foucault 2006: 71).

La población es así objeto de intervención gubernamental, pero solo en la medida que ello implique la emergencia de un sujeto-objeto regido por sus propios deseos, libre y dispuesto para actuar. Se trata de una eficiente, limpia diríamos, tecnología de gubernamentalidad que ya no es ni aquella regida exclusivamente por el poder pastoral individualizante de la Cristiandad (Foucault 2006: 176s), ni por la totalizadora "razón de estado" inaugurada en el siglo XVII (Foucault 2006: 293s), sino por una combinación de ambas, lo que no es otra cosa que el liberalismo (Foucault 2007ª: 39).

Población versus pueblo: hacia un cambio emancipador

La nueva racionalidad asentada en la libertad individual para seguir los propios deseos plantea la pregunta sobre cómo concebir un tipo de política emancipadora, esto es, un tipo de acción que al interior o en respuesta a la gubernamentalidad presentada por Foucault rompa los contornos prefijados por los aparatos de seguridad para el ejercicio de la libertad "liberal" y construya sus propios derroteros para una nueva —diríamos— libertad emancipadora. Una libertad que en tal sentido se construya subvirtiendo el manejo del que es objeto, esto es, poniendo en cuestión la asignación de cualquier estatus de normalidad-anormalidad de los propios deseos, los que, como muestra Foucault, han sido el campo prioritario de intervención por parte de las tecnologías de gobierno, particularmente de las constitutivas del liberalismo (Foucault 2006: 404).

La pregunta sobre la posibilidad del cambio, me parece, no es artificiosa ni ajena a los motivos que impulsan los escritos de Foucault.

En *Seguridad, territorio, población*, Foucault despliega en la clase del 1 de Marzo de 1978 –en el contexto del poder pastoral pero cuya lógica aparece generalizable– todo un esfuerzo interpretativo para pesquisar el surgimiento de lo que él llama, luego de algunas cavilaciones, "contra-conductas" (Foucault 2006: 238). Lo que a Foucault le interesa analizar son las formas *activas* de contra-ataque al *interior* del campo del poder pastoral y no las pasivas-externas a él (Foucault 2006: 225). Esto es, aquellos movimientos que aceptando que lo que está en cuestión es la "conducción de la conducta" (poder pastoral) despliegan acciones positivas que apuntan a disputar la forma que ella adopta, es decir, "a ser conducidos (*est conduit*)" en forma diferente. Lo que está en entredicho en verdad es la relación secuencial existente entre el poder y la resistencia que éste pudiera generar. Foucault lo expone sin ambages al preguntarse:

> "Presentar las cosas así, ¿no es suponer que ante todo existió el pastorado y [solo] después movimientos de respuesta, lo que acabo de llamar contraataques, una suerte de reacción?" (Foucault 2006: 226).

¿O, por el contrario, se trataría más bien de una ocurrencia simultánea?, como el propio Foucault también lo pregunta a reglón seguido de su interrogante anterior:

> "¿No significará eso aprehender simplemente los fenómenos por contraste, como negativos o reactivos?" (Foucault 2006: 226).

Para Foucault, la respuesta es clara y va en la línea de lo que sugiere la segunda de sus preguntas antes citadas, y así lo precisa al afirmar:

> "Obviamente, esto necesita ser examinado más atentamente y por ahora podríamos decir que desde el comienzo el pastorado se desarrolló en reacción a, o en cualquier caso con hostilidad hacia y en confrontación y guerra con lo que podemos llamar preliminarmente una revuelta de conducta, ya que una clara forma pastoral de conducta no existía aún (…)" (Foucault 2007b: 195).

Es esta reflexión la que lleva finalmente a Foucault a concluir que: "Es posible decir entonces que hay una correlación inmediata y fundadora entre la conducta y la contraconducta" (Foucault 2006: 227).

A similar conclusión arriba, en la clase del 5 de Abril de 1978 –la última del ciclo *Seguridad, territorio, población*–, cuando enumera las tres grandes formas de contra-conducta que él observa han confrontado a la gubernamentalidad de la razón de estado: la sociedad civil, la población y la nación. Nos dice Foucault al respecto:

"Ya se opongan al Estado la sociedad civil, la población o la nación, de todos modos, ésos son los elementos que se ponen en juego dentro de la génesis del Estado, y el Estado moderno. Y serán esos elementos, por lo tanto, los que van a jugarse, van a servir de apuesta al Estado y a lo que se opone a él. En esa medida, la historia de la razón de Estado, la historia de la *ratio* gubernamental, la historia de la razón gubernamental y la historia de las contra-conductas opuestas a ella no pueden disociarse una de otra" (Foucault 2006: 408).

La conducta y la contra-conducta, por tanto, no solo son correlativas, sino coetáneas. Más aún, las luchas por la conducción de las conductas nos señala Foucault:

"[n]o se dan en la forma de una exterioridad absoluta, sino mediante el uso permanente de elementos tácticos que resultan pertinentes a las luchas anti pastorales, en la medida –concluye Foucault en un comentario al que volveremos al final de este capítulo– que ellos tengan lugar al interior del *horizonte general* de la Cristiandad" (Foucault 2007b: 215, cursivas y comentario entre guiones agregados).

Ahora bien, en el contexto de la conducción de la población a la que me estoy refiriendo, los movimientos de contra-conducta constituirían lo que Foucault, en el examen del texto de L.-P. Abeille *Lettre d'un négociant*, 1763, refiere como "el pueblo", esto es:

"[a]quellos que se conducen a sí mismo en relación al manejo de la población, al nivel de la población, como si no fueran parte de la población en tanto sujeto-objeto colectivo, como si ellos se pusieran así mismos fuera de ella, y consecuentemente el pueblo son aquellos que, rehusando ser población, subvierten el sistema" (Foucault 2007b: 43-44).

Así, los movimientos de contra-conducta solo surgirían en la medida en que son subversión, esto es, cuando rechazan seguir siendo lo que han sido (población), para llegar a ser lo que en potencia son (pueblo).

De esta forma, podemos concluir, el cambio radical no resulta un acontecimiento ajeno o extraño en la genealogía de Foucault. Por el contrario, es coetáneo y parece constituir una condición de existencia de la forma específica en que se desarrollan las tecnologías de gobierno, ya sean del poder pastoral, la razón de estado o del liberalismo. Se trata de un cambio que aunque a menudo negado, olvidado, e incluso condenado, se encuentra, sin embargo, desde el punto de vista de la dinámica de la gubernamentalidad, siempre incluido y presente como posibilidad (de subversión).

El indiscutible horizonte de inteligibilidad del cambio emancipador

La tesis de la correlativa y coetánea existencia de la conducta/contra-conducta presentada por Foucault en *Seguridad, territorio, población*, no ha estado ajena de reproches. En particular aquel, a esta altura clásico, en que se alerta acerca de la posibilidad de que dicha correlatividad, la que en principio aparece como garantizadora del cambio, pudiera en verdad ser el origen de su propia imposibilidad. En una entrevista posterior a *Seguridad, territorio, población*, Foucault es interrogado en torno al problema de si no sería acaso el cambio, por él aludido, que en principio aparece como contra-poder, en verdad un ejercicio más de normalización (del poder):

> "P: (...) En *Vigilar y castigar*, por ejemplo, usted muestra que hubo un cambio repentino de la cadena de presidiarios al furgón de policía cerrado, del espectáculo del castigo al castigo disciplinario institucional. Pero, también señala que este cambio, que en aquella época parecía una 'reforma', era solamente, en realidad, la normalización de la capacidad que se atribuía la sociedad de castigar. ¿Cómo puede darse entonces un cambio consciente?" (Foucault 1990a: 147).

Exaltado Foucault responde:

"¿Cómo es posible que pueda imaginar que para mí el cambio sea imposible debido a que lo que he analizado siempre estaba relacionado con
la acción política? Todo *Vigilar y castigar* es un intento por responder a
esa pregunta y de mostrar cómo tuvo lugar una nueva manera de pensar. Todos nosotros somos sujetos vivientes y pensantes. Lo que hago
es reaccionar contra el hecho de que exista una brecha entre la historia
social y la historia de las ideas. Se supone que los historiadores sociales
deben describir cómo actúa la gente sin pensar, y los historiadores de las
ideas cómo piensa la gente sin actuar. Todo el mundo actúa y piensa a la
vez. La forma que tiene la gente de actuar o de reaccionar está ligada a su
forma de pensar, y como es lógico, el pensamiento esta ligado a la tradición. Lo que he procurado analizar es ese fenómeno muy complejo, que
hizo que en espacio de poco tiempo la gente reaccionara de una manera
muy distinta ante los crímenes y los criminales" (Foucault 1990a: 148).

A pesar de la crispada respuesta de Foucault, la pregunta parece
pertinente. Si como lo sostiene Foucault, actuamos y pensamos a la vez,
y por tanto, nuestra forma de actuar está ligada a la forma de pensar y
el pensar a la tradición, entonces un cambio discontinuo que inaugure
radicalmente nuevas formas de pensar y actuar siempre aparecería como
una circunstancia hermética inescrutable. O *a contrario sensu*, todo cambio cognoscible sería tal, a condición de quedar circunscrito al horizonte
común en el cual emergen los elementos que lo producen: el actuar y
el pensar. Horizonte que en cuanto garantía de inteligibilidad debería
permanecer inalterado durante la ocurrencia del cambio que se aspira
a comprender.

Pero, ¿es ésta una cuestión que debe ser considerada ajena a la genealogía de Foucault y en tal carácter inocua para la empresa teórica a la
que él adscribe, a saber: entender esos "fenómenos complejos que hacen
que en un espacio de poco tiempo la gente reaccione de una manera
muy distinta" a lo que había sido hasta entonces su conducta? No lo creo
así. Más aún, es dable sostener que en *Seguridad, territorio, población*, el
problema antes aludido bordea permanentemente el análisis que Foucault
realiza, aunque nunca se plantea llanamente. Por ejemplo, revisando
casos históricos de contra-conducta, Foucault alude a los dos tipos de

partidos políticos que existirían en Francia en la época en que dictaba su curso de 1978. El primero, que solo se preocuparía del poder y su administración. Y el segundo, el cual mantendría el aura de dar a luz una nueva sociedad y crear un nuevo hombre. Este último, señala Foucault, no puede evitar hasta cierto punto funcionar como contra-sociedad. Sin embargo –se apresura a aclarar Foucault–, en verdad, no hace más que reproducir la sociedad que existe:

> "En el fondo, podría decirse que en las sociedades contemporáneas, las nuestras, aún existen dos tipos de partidos políticos. Los que no son otra cosa que escalones hacia el ejercicio del poder o el acceso a funciones y responsabilidades y los partidos o, mejor, el partido, que hace mucho dejó de ser clandestino, pero que sigue teniendo el aura de un viejo proyecto que a todas luces abandonó pero al cual su destino y su nombre continúan ligados y que es, después de todo, el proyecto de alumbrar un nuevo orden social y suscitar un hombre nuevo. Y por ello, ese partido no puede no funcionar hasta cierto punto como una contra-sociedad, otra sociedad, aun cuando no haga sino reproducir la existente, y entonces se presenta, funciona interiormente como si se tratara de otro pastorado, otra gubernamentalidad con sus jefes, sus reglas, su moral, sus principios de obediencia, y en esa medida disfruta, como saben, de una gran fuerza para presentarse a la vez como otra sociedad, otra forma de conducta, y canalizar las rebeliones de conducta, suplantarlas y contenerlas" (Foucault 2006: 234s).

Ahora bien, es cierto que en ello Foucault parece solo preocupado en apuntar su pluma mordaz en contra de la anquilosada política reformista del partido comunista francés –objeto privilegiado de las críticas de los intelectuales franceses de la época–. Sin embargo, cabe preguntarse si ¿no arriesga con ello, descuidadamente quizás, el revelamiento de los límites de la radicalidad del cambio, o mejor aún, del tipo de cambio, envuelto en el carácter correlativo y coetáneo de su tesis de conducta y contra-conducta? Más aún, ¿no es acaso esta doble función atribuida por Foucault al segundo tipo de partido político por él aludido –de representar una contra-sociedad, un hombre nuevo y al mismo tiempo de canalizar y contener las revueltas de conducta– la expresión de la propia limitación del cambio envuelto en la genealogía en cuestión? Foucault ciertamente no estaría de acuerdo en ello, me parece a mí. Mas aún, para él es claro que dicha correlación siempre implica algún grado de normalización o colonización, o mejor aún subyugación, lo que sin embargo no necesariamente evita el cambio. Así parece establecerlo al comentar la trayectoria seguida por los movimientos de contra-conducta del poder pastoral (ascetismo, comunidad, misticismo, escritura y escatología), los que permanentemente intentaron ser incorporados, y muchas veces exitosamente, a la conducción ofrecida por el Catolicismo en el siglo XV y XVI (Foucault 2006: 260). Sin embargo –como acota Foucault–, ello no evitó la Reforma, el gran cisma de la lucha por la conducta en la Cristiandad, la que en cuanto ruptura solo es explicada si asumimos como exitoso el proceso de transformación profesado por los movimientos de contra-conducta al poder pastoral.

Sin embargo, puestas así las cosas, el problema, me parece a mí, no ha sido resuelto sino solo desplazado. Ya no se trata de la posibilidad del cambio lo que estaría en cuestión, sino como dije antes, del tipo de cambio al que aludimos. Al mencionar Foucault a la Reforma como el gran cisma de la lucha por la conducta en la Cristiandad, delinea una transformación que aparece inscrita en un horizonte común –la Cristiandad, precisamente–, el que aunque modificado producto de las luchas de conductas y contra-conductas sostenidas por siglos, se mantiene, en cuanto marco referencial, inalterado. Como lo diría Foucault, el poder pastoral (cristiano) es el pivote central al interior del cual la conducta y contra-conducta tienen lugar. Más aún, el poder pastoral constituye su "campo de inteligibilidad" (Foucault 2006: 260). Se trata por tanto, en la lectura de Foucault, de un cambio no solo emanado *de*, sino en alguna forma capturado *por* su horizonte de inteligibilidad. Un cambio capturado en su propio horizonte implicaría que, frente a una racionalidad neoliberal como la que Foucault analiza en *El nacimiento de la biopolítica*, cabría esperar la emergencia de un conjunto de contra-conductas regidas en sus líneas más gruesas por la racionalidad opuesta (socialdemócrata). De ser así, sin embargo, ambas racionalidades –(neo) liberal y socialdemócrata– no solo mantendrían una coetánea correlación como explícitamente lo sugiriera Foucault (2007ª: 117), sino además correrían el riesgo de permanecer atrapadas en su horizonte común de inteligibilidad, que no es otro que el capitalismo, a esta altura del siglo XXI en su dimensión más global. Una circunstancia que no solo pareciera verse confirmada por el devenir histórico que siguió la racionalidad neoliberal y su contra-conducta socialdemócrata, como lo alcanzara a advertir el propio Foucault (2007ª: 117ss), sino además por la radical a-politización (o exclusión del ámbito de lo político) con la que ha terminado revestido el capitalismo, como el indiscutible horizonte de inteligibilidad, en la actual modernidad.

Foucault versus Žižek: más allá del carácter inescrutable del cambio emancipador

Pero, ¿es posible pensar un cambio que aunque inscrito logre trascender su horizonte de inteligibilidad? Todo el trabajo tardío de Foucault parece ser un intento por responder dicha pregunta. Se trata de una empresa marcada por la peculiar aproximación teórica que Foucault desarrolló en su encuentro con la revolución iraní, en particular la que se consigna en su escrito "¿Es inútil revelarse?" de Mayo de 1979, y que Foucault tomó como fuente de inspiración central en sus trabajos posteriores sobre el cuidado del yo que se expresaron en *La hermenéutica del sujeto*. En efecto, la experiencia iraní lleva a Foucault a concebir una nueva estética y ética transformadora del sujeto, en donde la verdad solo devendría como consecuencia de la mutación del que conoce. O si se prefiere, en donde la máxima délfica del "conócete a ti mismo (*gnothi seauton*)", solo es posible si le precede la "inquietud de sí mismo (*epimeleia heautou*)", que implica el transformarse a sí mismo guiado por lo que Foucault llamó la "espiritualidad política". Todo ello se traduce en la máxima foucaultiana de que: "no puede haber verdad sin una conversión o una transformación del sujeto" (Foucault 2001: 33-34).

Ahora bien, su línea exploratoria, aunque fascinante en cuanto a un reavivamiento teórico de la problemática de la subjetividad, resulta sin embargo menos sugerente en cuanto al problema del cambio capturado por sus propias condiciones de existencia, que aquí nos ocupa. En efecto, la aproximación de Foucault referida a la revolución iraní se formula, como lo ha he hecho notar Slavoj Žižek, oponiendo "el Evento revolucionario, el entusiasmo sublime del pueblo unido –donde todas las diferencias internas son momentáneamente suspendida– al dominio pragmático de la política de intereses y los cálculos de poder estratégicos" (Žižek 2008a: 115).

Es por ello que el momento revolucionario resulta para Foucault últimamente inescrutable un momento donde se suspenden o cancelan las descripciones históricas, un momento que evoca la dimensión "noúmenal" kantiana, y en tal medida es celebrada, o encuentra su sentido en tanto es ajena a las constricciones del fenómeno. Así, Foucault nos señala:

> "El hombre en la revuelta es finalmente inexplicable. Debe producirse una insurrección que interrumpa el despliegue de la historia, y su larga serie de razones explicativas, para que un hombre 'realmente' prefiera el riesgo de la muerte a la certeza proveída por el obedecer" (Foucault 2005b: 263).

La preferencia "por el riesgo de la muerte" de la que nos habla Foucault resulta problemática no por su ocurrencia –lo que parece ineludible en toda verdadera insurrección–, sino por la desvinculación radical que Foucault observa existiría entre las condiciones concretas de la situación en que la revuelta tiene lugar y el acontecimiento de la revuelta propiamente tal, o como Foucault señala:

> "Tomemos el activista en algún grupo político. Cuando él era parte en una de aquellas demostraciones, era doble: tenía sus cálculos políticos, que eran éstos o aquéllos, y al mismo tiempo era un individuo capturado por el movimiento revolucionario (…) Y, las dos cosas no entraron en contacto, él no se alzó en contra del rey porque su partido hizo tal o cual cálculo" (Foucault 2005ª: 256).

Parece ser que es solo dicha desvinculación radical entre acción estratégica (revolucionaria) y el evento de la revolución lo que permitiría a Foucault superar la dialéctica del poder/contra-poder que permanece atrapada en su horizonte común de inteligibilidad. Pero, si es ésta la solución que es posible pesquisar en la genealogía de Foucault para el problema del cambio inscrito cabe preguntarse si acaso el enigma del momento revolucionario logra sobrevivir más allá de su sublimidad que

hace que aquellos envueltos en su vorágine opten por arriesgar entusias-
mados su propia muerte antes que seguir sosteniendo las pesadas pero
ya acostumbradas cadenas que fijan su andar pusilánime. Pareciera que
no. Más aún, el precio a pagar sería la atribución de un estatus no solo
inescrutable, sino también fugaz a la posibilidad del cambio emancipador, el que resultaría incomprensible e inviable más allá del entusiasmo
revolucionario.

Si ello es así, no se podría entonces ignorar aquella objeción que desde
una perspectiva "post-revuelta" inquiere, si acaso, ¿no está la celebración
del momento "noúmenal" revolucionario, vinculado –coetánea y correlativamente– a la desilusión de los "días posteriores", como lo sugiere
Žižek? (Žižek 2008a: 116). Esto es, al retorno de la normalidad, a la
inscripción de la "revuelta" dentro de la categoría de "revolución" como
alegara el propio Foucault, en definitiva a la dimensión del fenómeno,
a menudo repleta de barbaries y atrocidades acontecidas durante el entusiasmo "noúmenal" (como lo fue el caso iraní), pero más significativo
para lo que nos ocupa, aún inscrita en el horizonte de inteligibilidad que
subsume desde el principio a ambos: noúmeno y fenómeno, revuelta y
orden revolucionario.

Como se adivina, las objeciones siguen puestas en el tipo de cambio emancipador que se discute. Para Foucault, la cancelación de las
determinaciones fenomenales, el aparecimiento de la voluntad política
colectiva más allá de clases, credos y posiciones en el entusiasmo de los
revolucionarios, parece bastar. Foucault nos dice a este respecto:

> "La voluntad política es un mito político con el que los juristas y filóso-
> fos tratan de analizar o justificar instituciones, etc. Es una herramienta
> teórica: nadie nunca ha visto la "voluntad colectiva" y, personalmente,
> yo pensaba que la voluntad colectiva era como Dios, como el alma, algo
> con lo que uno nunca se encontraría. No se si ustedes están de acuerdo
> conmigo, pero nos encontramos, en Teherán y a través de todo Irán, con
> la voluntad colectiva del pueblo" (Foucault 2005ª: 253).

Pero, si ello es así, entonces la acotación de Žižek resulta sugerente, a
saber: "¿No corresponde acaso dicha descripción al evento del Nazismo
de la misma forma que al evento de la revolución iraní?" (Žižek 2008a:

113). En efecto, si es el entusiasmo revolucionario que cancela las determinaciones fenomenales del sujeto la medida a usar, la pregunta es entonces pertinente. Si por el contrario, como lo sugiere el propio Žižek, la dimensión crucial que hace de la explosión iraní un acontecimiento en el sentido referido por Badiou[36], es su "contenido socio-político, esto es, la momentánea emergencia de algo nuevo en la lucha por formular una alternativa más allá de la opciones existentes en la democracia Occidental liberal o un retorno a la tradición pre-moderna" (Žižek 2008a: 114), entonces la respuesta es clara: la "revolución" Nazi nunca dio lugar a dicha posibilidad y la iraní claramente sí.

En definitiva, la radical discontinuidad entre el acontecimiento y sus condiciones de emergencia, que parece sugerir Foucault para sostener la posibilidad de un cambio emancipador, termina revistiendo a dicha posibilidad con el estatus inescudriñable propio del milagro, que en cuanto acontecimiento solo resultaría explicado por la *gracia* del acontecer.

Consideración final

Cabe en esto, solo a manera de reflexión final, esbozar lo que está en cuestión acá. No es la potencia transformadora del entusiasmo revolucionario, celebrado por Foucault, la que aparece dudosa. Ni siquiera la posibilidad de la suspensión de las determinaciones fenomenales del sujeto envuelto en el momento "noúmenal". Ni menos aún, el alegado entusiasmo "irresponsable" de los intelectuales con las "causas perdidas", que reivindica Žižek a propósito de Foucault y su experiencia con la revolución iraní. Lo que por el contrario aparece problemático para lo que nos ocupa en la reflexión de Foucault es la permanencia "post-revuelta" del horizonte de inteligibilidad en que ella –la revuelta– se inscribe. Horizonte que al permanecer inalterado en cuanto marco referencial impediría la representación de los elementos presentes pero excluidos de una situación. Esto es, la expresión de la radicalidad de un cambio que implique no solo la transformación del sujeto en su relación con las

---

[36] "Para que una verdad afirme su originalidad, debe haber un *suplemento*. Este suplemento se explica por la casualidad. Es impredecible, incalculable. Está más allá de lo que es. Lo llamo un acontecimiento" (Badiou 2005c: 46).

tecnologías de gobierno que intervienen en él, sino también –arriesgando en esto un término en desuso– de la propia estructura (presentación y representación) y con ella de su horizonte de inscripción. Es por ello que Žižek parece acertado al sostener que:

> "Un acto [radical] no ocurre dentro del horizonte de lo que parece como 'posible', [más bien] redefine los contornos del horizonte dado de lo que es posible (un acto da lugar a lo que, dentro del universo simbólico, parece ser 'imposible', más aún, cambia sus condiciones, esto es, crea retroactivamente las condiciones de su propia posibilidad) (Žižek 2000a: 121).

De esta forma, el carácter imposible del acto radical, lejos de agotarse en el entusiasmo del momento "noúmenal" (aun cuando ello transforme al sujeto envuelto) conviene extenderlo a "lo que Lacan refiere como *la doublure*, la dobladura, el giro o curvatura en el orden del ser que abre el espacio para el acontecimiento" (Žižek y Daly 2004: 137). Es por tanto una imposibilidad que en tal carácter se dimensiona a nivel de horizonte más que del sujeto. O si se prefiere, volviendo a nuestra pregunta inicial, el pueblo solo se constituiría en sujeto emancipador cuando, *encontrado* con el Acontecimiento que lo hace posible, inventa su propio horizonte en donde tanto él, como pueblo, como su contrario, la población, dejan ya de tener sentido. Circunstancia que solo se comprende dentro de un nuevo horizonte, situación y estructura. Este es el carácter de la radicalidad del cambio al que nos estamos refiriendo.

V Articulación y asalto, los dos momentos de lo político: *Laclau, Žižek y Foucault en debate*[37]

Ernesto Laclau y Chantal Mouffe han venido desarrollando desde su trabajo conjunto y a esta altura bastante canónico *Hegemonía y Estrategia Socialista,* que publicaran en 1985, la tesis de la democracia radical, esto es, una democracia asentada en la articulación equivalencial de demandas sociales en pos de un horizonte hegemónico de sentido. Esta propuesta conviene observarla –sostendremos acá– inscrita dentro de una problemática más general. Se trata de la "batalla" teórica, pero también política, que intenta distinguir la noción de *la política,* entendida como el intento de establecer "un orden, [de] organizar la coexistencia de la existencia humana en condiciones que son siempre conflictivas", como lo ha sintetizado la propia Chantal Mouffe en *El Retorno de lo Político* (1999: 14), un texto publicado originalmente en 1993, de otra noción ligada, aunque diferente, de *lo político,* que apuntaría a rescatar el sentido del *polemos* griego, esto es, del espíritu de la guerra y la batalla, presente en toda política. En otras palabras, lo que se busca enfatizar es el antagonismo y el conflicto, hoy comúnmente desplazados de los usos normalizados de la política (Marchart 2009). O si se prefiere, de lo que se trata, en definitiva, es de perfilar una batalla que persigue defender un tipo de conceptualización *político* de la *política.*

Inscribir la tesis de la democracia radical dentro de esta problemática general de *lo político* posibilita dos operaciones que en el contexto de este trabajo son de importancia. Primero, ello permitirá analizar el

[37] Una versión modificada es publicada en inglés como "Rethinking the political: A genealogy of the "antagonism" in Carl Schmitt through the lens of Laclau-Mouffe-Žižek" por la revista *CR: The New Centennial Review* 13.1 2013 : 161-188.

debate "teórico-político" que ha mantenido Ernesto Laclau, aunque también Chantal Mouffe, con autores contemporáneos como Slavoj Žižek. Un debate en ocasiones áspero y lleno de ironías, pero siempre inscrito dentro de una construcción discursiva que asume un horizonte compartido, que no es otro que la defensa precisamente de lo que aquí he llamado, aun sin profundizar en ello, *lo político*. Segundo, porque ello posibilitará también iniciar otro diálogo o disputa, muy preliminar y por tanto todavía muy general, con terrenos teóricos poco explorados por Laclau y Mouffe, pero que están en el centro de las preocupaciones de la teoría política contemporánea, a saber: las tesis de la biopolítica, o si prefiere de la política de la vida.

Partiré por tanto refiriéndome, en la primera parte, a cómo es que la tesis de la democracia radical se inscribe en la disputa por un tipo de conceptualización *político* de la política.

Democracia radical: la política y lo político

En *Hegemonía y Estrategia Socialista* Ernesto Laclau y Chantal Mouffe terminan afirmando que el proyecto de democracia radicalizada "[es] una *forma* de la política que no se funda en la afirmación dogmática de ninguna "esencia de lo social", sino, por el contrario, en la contingencia y ambigüedad de toda "esencia", en el carácter *constitutivo* de la división social y del antagonismo" (Laclau y Mouffe 2004: 239, énfasis agregados).

Con ello, Laclau y Mouffe enfatizan que lo específico del proyecto de una democracia radicalizada no estaría puesto en su contenido programático, sino en su *forma política* singular. Una forma política constituida en torno a las nociones de contingencia, división social y antagonismo. Por supuesto que también, ya incluso en *Hegemonía y Estrategia Socialista*, pero de sobremanera en sus escritos posteriores, tanto Laclau como Mouffe han delineado una propuesta que al menos en un sentido mínimo podríamos llamar programática de la democracia radical. Este sentido ha sido asociado al esfuerzo de ambos por hacer compatible la forma política llamada democracia radicalizada con las tradiciones emanadas de la democracia liberal, los aportes de la democracia populista y particularmente la llamada 'primacía del derecho sobre el bien común' entendido este último como pre-constituido y esencial, habitualmente de carácter trascendente, que ha acentuado el pluralismo liberal. Ello ha llevado a que el proyecto democrático defendido por Laclau y Mouffe sea llamado –por los propios autores– no democracia radical a solas, sino democracia radical *y plural*. Laclau en un texto reciente, "The future of radical democracy" (2005a), comenta al respecto:

> "[el problema es que] una democracia puramente liberal, en la que el elemento democrático estuviese restringido al nivel del régimen, es perfectamente compatible con toda clase de prácticas anti-democráticas al nivel de la sociedad civil. [Por su parte] una concepción puramente populista de democracia identificaría rígidamente la comunidad (el *populus*) con una sección particular dentro de ella (la *plebs*), y también haría imposible cualquier clase de interacción democrática. Pero, [la afirmación del] puro principio del pluralismo y diferencialidad no lo haría mucho mejor: una sociedad basada solamente en dicho principio carecería de toda clase de marco simbólico común, y de hecho no sería en ningún caso una sociedad [...]" (Laclau 2005a: 261).

La pertinencia y evaluación de esta interacción entre diferentes tradiciones democráticas –que Laclau entiende siempre como una "interacción de carácter indecible" (Laclau 2005a: 261) a lo que llama, en definitiva, democracia radical–, es un asunto en el que no profundizaré en este trabajo. Tan solo advertiré que se trata de una apuesta programática que a diferencia de las propuestas esencialista de antaño, de izquierda o de derecha, se asienta en la idea de una democracia por venir *à la* Derrida; en permanente búsqueda de una nueva inscripción discursiva, y por tanto, ajena a toda conclusión definitiva.

Retornaré ahora al problema del fundamento de la democracia radicalizada, el que siguiendo a Laclau y Mouffe debemos entender como el antagonismo. La noción de antagonismo será clave para comprender cómo Laclau (y también y reconocidamente Mouffe) se adscribe de una manera singular a la distinción específicamente política que Carl Schmitt propusiera en su texto clásico *El Concepto de lo Político* de 1927.

Como se sabe, para Schmitt, si en el registro moral el criterio básico y ordenador es "lo bueno y lo malo", y en el plano estético, "lo bello y lo feo", e incluso en lo económico "lo rentable y lo no rentable", "la distinción política específica a la cual los motivos y acciones políticas pueden ser reducidos es aquella entre amigo y enemigo" (Schmitt 1996: 26). Con ello Schmitt quería afirmar que:

> "el fenómeno de lo político solo puede ser entendido en el contexto de la posibilidad siempre presente de la agrupación amiga o enemiga, con independencia de los aspectos que esa posibilidad entraña para la moral, la estética y la economía" (Schmitt 1996: 35).

Ahora bien, la agrupación amiga o enemiga solo indica para Schmitt un criterio operativo para discernir lo político, y no por cierto una definición exhaustiva (tarea por lo demás imposible), ni tampoco un intento por indicar su contenido sustancial (Schmitt 1996: 26). Sin embargo, lo que sí afirma Schmitt es que se trata de un criterio relativamente independiente de la otra antítesis por él aludida: bueno o malo, hermoso o feo, etc., de tal forma que, "El enemigo político —nos dice Schmitt— no tiene por qué ser moralmente malo; no tiene por qué ser estéticamente feo; no tiene por qué actuar como un competidor económico y hasta podría quizás parecer ventajoso hacer negocios con él" (Schmitt 1996: 27). Y, agrega Schmitt, el enemigo:

> "es simplemente el otro, el extraño, y le basta a su esencia el constituir algo distinto y diferente en un sentido existencial especialmente intenso de modo tal que, en un caso extremo, los conflictos con él se tornan posibles [...]" (Schmitt 1996: 27).

La alusión que hace Schmitt para referirse al enemigo como "el otro, el extraño", resulta clave para entender cómo Laclau y Mouffe construyen su noción de antagonismo. Antes de mostrar cómo ello ocurre, es preciso aclarar que al usar la noción de enemigo, Schmitt no se refería al mero competidor del registro liberal, ni tampoco a cualquiera parte de un conflicto en general (Schmitt 1996: 8). Tampoco lo hacía sinónimo del "adversario privado que uno pudiera odiar". Por el contrario, para Schmitt "El enemigo" es solo un conjunto de personas que, por lo menos de un modo eventual —esto es: de acuerdo con las posibilidades reales— pueden *combatir* a un conjunto idéntico que se le opone. Así, el enemigo al que se refiere Schmitt es solamente "el enemigo *público*" (Schmitt 1996: 8). El enemigo, dirá Schmitt, es el *hostis,* no el *inimicus* en un sentido amplio; el *polemios*, no el *echthros*. Esto es, y como lo decía Platón en *La República* citado por Schmitt, la verdadera guerra es siempre una guerra entre Helenos y Bárbaros; los conflictos, por su parte, entre Helenos son solo discordias (Schmitt 1996: 28-29). Ello es la razón por la cual, en el registro schmittiano, es perfectamente posible que el enemigo en su sentido político no sea un ser odiado personalmente. Incluso más, no habría contradicción que en la esfera privada, pero solo en ella, uno pueda amar a su enemigo, esto es, a su adversario, cumpliendo así la máxima cristiana: "'amad a vuestros enemigos' [pues] en realidad Mateo 5,44 y Lucas 6,27 dicen: »diligite *inimicos* vestros« –agapate tous echtrous hymon– y no diligite *hostes* vestros; por lo que no se habla allí del enemigo político", como lo deja claro Schmitt (1996: 29).

Circunscribir la noción de enemigo al ámbito público habría permitido a Schmitt concluir, sin riesgo de ser acusado de odiosidades personales y/o morales –algo que debido a su adhesión al partido Nacional Socialista en mayo de 1933 sabemos no ocurrió–, que:

> "Lo político es el antagonismo más intenso y más extremo, y cada antagonismo concreto llegará a ser más político mientras más se acerque al punto más extremo del agrupamiento amigo-enemigo" (Schmitt. 1996: 29).

Por cierto, la tesis de Schmitt no concluye ahí pues agrega que "en su plenitud el estado como una entidad política organizada es quien decide por sí mismo [esto es no sujeto a ningún fundamento] la distinción amigo-enemigo", (1996: 29-30) o sea, el antagonismo más extremo a decir de Schmitt.

De esta forma, Schmitt ha abierto un flanco de crítica y admiración (Schwab: 1989) que se ha extendido desde Leo Strauss (1996); Meier (1995; 2003), Benjamin (1990; 1999); Weber (1992), los trabajos asociados a la revista *Telos* (N°71, Spring 1987); Kennedy (1987); Marcuse (1968a: 30-31); Habermas (1987; 1992; 1994); Wolin (1992), pasando por gran parte de la tradición liberal, Holmes (1993); Bellamy y Baehr (1993); Sartori (1989) y terminando en Derrida (1997: 106, capitulos 4, 5, y passsim). No es mi intención revisar ahora dichas críticas, sino volver al recorrido teórico que Laclau hace de la noción de antagonismo para observar cómo tras ello la distinción específicamente política de Schmitt resultaría revitalizada, y con ello la noción de lo político.

Lo primero que convienen constatar es que Laclau construye su noción de antagonismo sin ninguna alusión explícita a Schmitt (de hecho ni en *Hegemonía y Estrategia Socialista* ni en *La Razón Populista,* su último libro, existe referencia alguna a los trabajos de Schmitt); a diferencia de Mouffe que desde sus escritos posteriores a *Hegemonía y Estrategia Socialista*, notablemente en sus libros *El Retorno de lo Político* (1999), *La Paradoja Democrática* (2003) y *En torno a lo Político* (2007), ha hecho de la distinción amigo-enemigo el pivote central de su arquitectura teórica. Ello no significa, sin embargo, que tal distinción esté ausente en el trabajo de Laclau, pero requiere un ejercicio de exposición, ejercicio que intentaré a continuación.

En *Hegemonía y Estrategia Socialista*, Laclau y Mouffe parten su reflexión con una pregunta y una respuesta que anuncia su tesis, dicen:

> "¿no hay ciertas "experiencias", ciertas formas discursivas, en que se muestra no ya el continuo diferir del "significado trascendental", sino la vanidad misma de este diferir, la imposibilidad misma de toda diferencia estable y, por tanto, de toda "objetividad"? (Laclau y Mouffe, 2004: 164).

La respuesta –agregan Laclau y Mouffe– es que sí, que esta "experiencia" del límite de toda objetividad tiene una forma de presencia discursiva precisa, y ésta es el *"antagonismo"* (Laclau y Mouffe, 2004: 164).

El antagonismo, reconocen Laclau y Mouffe, ha sido extensamente estudiado, pero solo desde perspectivas analíticas que se preguntan el cómo y el porqué ellos surgen, y que habitualmente se ha ignorado la pregunta acerca de qué es una relación antagónica y qué tipo de correspondencia entre objetos supone. Curiosamente, lejos de recurrir en el análisis de estas últimas preguntas al auxilio de Carl Schmitt, Laclau y Mouffe prefieren la compañía de Lucio Colletti, el marxista italiano quien en un artículo de la *New Left Review* de 1975 "Marxism and the dialectic" ha recreado la distinción entre *oposición real* (la oposición entre objetos que tienen, previo a la relación, una "positividad propia") y *contradicción lógica* (en una misma proposición un término afirma algo y el otro lo niega) que Kant (1952: 268-69) formulara en su *Ensayo de introducción del concepto de magnitudes negativas en filosofía* de 1763. Colletti retoma esta distinción para evaluar cuál de estas categorías podría responder a la especificidad de los antagonismos sociales, una cuestión que a Laclau también le interesa.

Digamos para efectos de la exposición, que la oposición real kantiana alude al principio de contrariedad en donde cada uno de los términos de la fórmula de la oposición entre un objeto A y un objeto B tienen una "positividad propia", esto es, están ya constituidos, independiente de su relación con el otro. Corresponde, por cierto, al campo de los objetos reales, en donde ninguno de los objetos agota su positividad en su oposición al otro (por ejemplo, un tren choca con otro tren –oposición real– y ambos siguen siendo trenes en el mundo real). La contradicción lógica, por su parte, alude al principio en el cual en una misma proposición un término afirma algo y el otro lo niega, generando una relación en la que queda agotada la realidad de ambos. Se trata del campo de la proposición ya que solo en un nivel lógico conceptual podemos incurrir en contradicciones (e.g. si se afirma que un ferrocarril es un tren y no es un tren al mismo tiempo, se termina anulando ambos términos de la proposición).

Colletti retoma esta distinción para mostrar cómo Hegel, que había reducido toda la realidad al concepto, podía de esa forma introducir las contradicciones lógicas en la realidad. El Marxismo, por su parte –afirmaba Colletti–, en cuanto doctrina materialista, no podía aceptar tal posibilidad y debía rechazar analizar los antagonismos (sociales) como contradicciones, y asumirlos en cambio como oposiciones reales (Laclau y Mouffe 2004: 165).

Ahora bien, la crítica que Laclau y Mouffe hacen al raciocinio de Colletti parte mostrando que, para este último, en el universo existiría una sola alternativa excluyente: o hay una contradicción lógica o hay oposición real, lo que supondría asumir que hay solo dos tipos de entidades existentes, a saber: objetos reales y conceptos, algo que Laclau y Mouffe por cierto no aceptan.

En seguida Laclau y Mouffe van a rechazar también la idea de que un antagonismo sea en verdad una oposición real, pues en la oposición real hay solo "un hecho material que obedece a leyes físicas positivas" (Laclau y Mouffe 2004: 166). Y, si aceptáramos que un antagonismo corresponde a un choque de dos objetos constituidos regidos por leyes físicas, deberíamos también aceptar que en la esfera de los antagonismos sociales —que es el objeto de análisis de Laclau y Mouffe— lo antagónico de la lucha de clase, por ejemplo, estaría en el "acto físico por el cual un policía golpea a un militante obrero" (Laclau y Mouffe 2004: 166). Confundiendo de esta forma una expresión o resultado físico particular de un antagonismo social con el carácter general y abstracto de lo que el antagonismo social en verdad es.

A su vez, Laclau y Mouffe por cierto rechazarán la idea de que una contradicción lógica implique una relación antagónica (Laclau y Mouffe 2004: 167). Para ello les basta un simple razonamiento: "todos participamos en numerosos sistemas de creencias que son contradictorios entre sí, y, sin embargo, ningún antagonismo surge de estas contradicciones" (Laclau y Mouffe 2004: 167). La contradicción lógica es comúnmente más un asunto de confusión o ignorancia, y no necesariamente de antagonismo, entendido como la experiencia con "un otro, un extraño", como lo ha establecido Schmitt (1996: 27), que parece ser el referente implícito que Laclau tiene en mente, sin nombrarlo.

Ahora bien, tras constatar la imposibilidad de asimilar una relación antagónica a una oposición real o a una contradicción lógica, Laclau y Mouffe se preguntan: "¿Si no es acaso esta imposibilidad, una imposibilidad de asimilar la relación antagónica a algo que estos dos tipos de relaciones —oposición real y contradicciones lógicas— comparten?" (Laclau y Mouffe 2004: 168).

Sus respuestas son, por cierto, afirmativas. Señalan Laclau y Mouffe:

> "hay algo en efecto que las dos comparten, y es que ambas son *relaciones objetivas:* entre objetos conceptuales en la contradicción lógica y entre objetos reales, en la oposición real" (Laclau y Mouffe 2004: 167, énfasis del original).

Al aludir a relaciones objetivas, Laclau y Mouffe quieren decir que los términos de la relación son objetos que *ya son antes de contradecirse u oponerse.* Esto es, que tienen identidades plenas y pre-constituidas a la relación. En efecto, la única posibilidad de que una contradicción lógica se haga inteligible es que el término que se afirma sea plenamente él antes de la relación, de forma tal que al afirmar su no existencia se produzca la contradicción. En el caso de las oposiciones reales, es también porque un término de la relación es plenamente él, es que puede producir un efecto objetivamente determinable si se confronta con otro término que también requiere para ello ser ya plenamente el mismo.

Pero, agregan Laclau y Mouffe, entrando de lleno en lo que será para ellos lo específico de la relación antagónica y reactualizando de esta forma la reflexión sobre el antagonismo desde el lugar en que Schmitt la había dejado:

> "en el caso de los antagonismos nos encontramos con una situación diferente: la presencia del Otro que me impide ser totalmente yo mismo. La relación no surge de identidades plenas, sino de la imposibilidad de la constitución de las mismas" (Laclau y Mouffe 2004: 168).

El antagonismo es, por tanto, para Laclau y Mouffe, una relación en la que no solo operan dos entes cuyas identidades no están plenamente constituidas (primera afirmación de Laclau y Mouffe), sino también en la cual las identidades de dichos entes están imposibilitadas de su constitución plena (segunda afirmación). Más aún, el punto es advertir que lo que hace visible dicha condición incompleta de la identidad de un ente es precisamente la "experiencia" de la presencia de un Otro que impide a tal entidad ser totalmente ella misma. Como dice Laclau y Mouffe "es porque un campesino *no puede ser* un campesino, por lo que existe un antagonismo con el propietario que lo expulsa de la tierra" (Laclau y Mouffe 2004: 168).

Ahora bien, puesto así las cosas, cabría en esto preguntarse, sin embargo, si –de acuerdo a Laclau y Mouffe– es la "experiencia" de un campesino que *no puede ser* un campesino lo que produce un antagonismo con el propietario de la tierra que lo expulsa de ella, ¿tiene entonces que dar lugar dicha experiencia de imposibilidad de constituir la propia identidad, a una relación necesariamente antagónica?

En *Hegemonía y Estrategia Socialista*, Laclau y Mouffe no estaban en condiciones de contestar dicha pregunta. En efecto, en ese texto Laclau y

Mouffe después de enfatizar que es la experiencia de la no-identidad que genera la presencia de otro, *lo que produce el antagonismo*, afirman al mismo tiempo y en cierta contradicción a lo anterior que en la medida de que:

> "hay antagonismo uno no puede ser una presencia plena para mí mismo. Pero, tampoco lo es la fuerza que me antagoniza: [para ella] su ser objetivo es un símbolo de mi no ser y, de este modo, es desbordado por una pluralidad de sentidos que impide fijarlo como positividad plena" (Laclau y Mouffe 2004: 168).

Nótese, que en esta última referencia es el antagonismo el que aparece como antecedente de mi no-identidad y no viceversa como lo habían dicho antes. Ello los lleva a concluir que:

> "el antagonismo, por tanto, lejos de ser una relación objetiva es una relación en la que se *muestran* –en un sentido wittgensteiniano– los límites de toda objetividad" (Laclau y Mouffe 2004: 169).

En este último sentido, el antagonismo sería el testigo de la imposibilidad de la sutura o cierre definitivo de la sociedad.

Así desplegada la lógica del antagonismo, es claro que Laclau y Mouffe se están refiriendo a dos tipos o momentos del mismo. Uno que aludiría a la experiencia de una falta, de una carencia original, y otro que referiría a la relación que a partir de dicha experiencia se construye tratando precisamente de llenar dicha falta o carencia, vía una práctica articulatoria de antagonización del Otro. Estos dos tipos de antagonismos fueron puestos en evidencia con agudeza por Slavoj Žižek en su artículo "Más allá del Análisis de Discurso" de 1990, donde distinguió entre "la experiencia del antagonismo en su forma radical, como un límite de lo social [...] del antagonismo como la relación entre posiciones de sujeto". O como el propio Žižek agregó: "en términos Lacanianos, debemos distinguir el antagonismo como el Real de la realidad social, del [antagonismo expresado en] las luchas antagónicas" (Žižek 2005: 276).

Esta distinción ha sido posteriormente aceptada por Laclau mediante la adopción de la categoría de *dislocación* para referirse al primer antagonismo, el antagonismo *constitutivo*, el real lacaniano; y de *relación antagónica* para apuntar al segundo antagonismo que es siempre *constituido* mediante lógicas equivalenciales. Esto es, a través del proceso en que una demanda particular asume la representación de la totalidad de otras demandas que se hacen equivalentes, unas con otras, sin perder nunca totalmente su particularidad, precisamente en la oposición a un Otro que encarna la imposibilidad de sus identidades plenas; práctica articulatoria que Laclau llama *hegemonía* (Laclau 2005b: 95). Esta modificación de su pensamiento Laclau la reconoció en su artículo "Glimpsing the Future: A Reply" de 2004:

> "En *Hegemonía y Estrategia Socialista* [...] el antagonismo ya es una forma de inscripción discursiva –es decir, de dominio– de algo más primario que, desde *Nuevas Reflexiones sobre la revolución de nuestro tiempo* [un texto de 1990], en adelante comencé a llamar dislocación" (Laclau 2008a: 393-394).

Es por ello que es posible concluir que para el Laclau tardío la categoría de antagonismo es siempre una relación que se instituye mediante la dicotomización del campo social, o si se prefiere mediante su inscripción discursiva, y que responde o va en respuesta de una falta original de lo social, una dislocación en la terminología actual de Laclau, que impide la constitución plena de la propia identidad de los entes de toda relación, por la presencia del Otro. Ahora bien, la relación antagónica al ser constituida será siempre contingente. Más aún, Laclau ha reconocido que no necesariamente es ella la única respuesta posible a la dislocación (Laclau 2008a: 393-394). Con ello Laclau no está más que constatando la existencia de diversas inscripciones discursivas a la dislocación que no se expresarían de forma antagónica, es decir de manera política, como las que se dan en el discurso de una cierta moral, economía o técnica, algo que por lo demás Schmitt (1996: 31-32) ya había notado. Pero, más sugerente aún, Laclau al desacoplar su noción tardía de antagonismo de la exclusión radical a la que originalmente la asociaba, y convertirla en una "exclusión inclusiva" como el mismo señala (Laclau 2008a: 394) –esto es, una exclusión en el que el polo excluido es lógicamente requerido para que las partes de la relación antagónica puedan constituir sus identidades, al menos parcialmente–, revitalizará la noción de antagonismo desde el estado que había sido dejado por Schmitt.

Esta revitalización del antagonismo no solo se da en atención al carácter inclusivo de la exclusión ahora asociada a la dicotomización del campo social, y que Laclau ha demostrado convincentemente en su artículo "¿Por qué los Significantes Vacios importan en Política?" (Laclau 1994), siguiendo la noción de frontera como condición de posibilidad e imposibilidad de un sistema de significación, sino fundamentalmente por la mantención de la categoría del primer antagonismo constitutivo, que como hemos visto Laclau llama dislocación. En efecto, la mantención del primer antagonismo, la dislocación, permite afirmar la tarea por una parte siempre *rivalizada* (por otras respuestas discursivas, por ejemplo de tipo moral, que presentan los conflictos sociales como oposiciones reales y excluyentes; piénsese solo en el discurso del "eje del mal" desplegado por el ex–presidente estadounidense G.W. Bush, o la retórica anti-inmigrantes en la Europa actual) y por otra parte siempre *imposible* de la relación antagónica que busca llenar la experiencia de la dislocación. La deuda acá por cierto es con Lacan y su noción de Real a la que la noción de dislocación equivale. En otras palabras, paradojalmente y para sorpresa de los schmittianos conservadores, quien realmente terminará revitalizando a Schmitt es en gran medida Lacan vía Laclau.

Así entendida la noción de antagonismo, podemos observar que la conclusión de Schmitt: "Lo político es el antagonismo más intenso y más extremo, y cada antagonismo concreto llegará a ser más político mientras más se acerque al punto más extremo, del agrupamiento amigo-enemigo", no tiene ningún sesgo necesariamente totalizante, ni mucho menos reduccionista, atribuido habitualmente a la relación amigo–enemigo asentada por Schmitt. No solo lo social (entendido como una respuesta a la dislocación) pudiera instituirse de manera no política (aunque habría que analizar la conveniencia de esto), sino también lo político, incluso cuando encuentre su real significado en la posibilidad de la muerte física como nos recuerda solo constatando un hecho Schmitt (1996: 33), no requeriría construir un Otro radicalmente exterior, sino un Otro inclusivamente excluido en el sentido antes explicado.

Así entendido el antagonismo, el tipo de pregunta propio de un debate político contingente como aquella que inquiere: ¿no requeriría un proyecto esta vez programático de democracia radicalizada seguir bregando por una respuesta antagónica, esto es, política, a la dislocación originaria?; resulta, me parece, aún vigente y legítima. Legítima, puesto que las alternativas a lo político no son para nada auspiciosas, a saber: i) cierres "racionalmente" consensuados *à la* Habermas o Rawls, –fórmulas siempre problemáticas por la noción de sujeto racional o razonable pre-constituido que asumen–; ii) respuestas morales, esto es, relativas a una totalidad que se presenta como completamente inclusiva y que debido a dicha pretensión (siempre fallida) se vuelven habitualmente totalizadoras; iii) apelaciones a un cientificismo económico, esto es, a un discurso que busca autonomizarse de las esferas de los conflictos sociales y por tanto resulta subrepticiamente (esto es, al margen de la disputa antagónica, o política) ordenadora de los resultados de dichos conflictos; iv) o final-mente, biopolíticas, esto es, referidas a las regulaciones de la vida de los individuos y poblaciones, las que ponen el acento en la "nueva vida" que se gesta, pero que ocultan su condición anti-política, punto al que volveremos al final de este capítulo. Frente a todas estas alternativas no-políticas, la constitución de la relación antagónica ofrece una respuesta que radicalmente dicotomiza el campo de lo social con un proyecto que postula construir un nuevo relato de sentido, una nueva hegemonía, pero lo hace consciente de sus propios límites teóricos. Estos límites están dados por la presencia del primer antagonismo o dislocación, que le im-pediría, al menos en ese plano, asumirse como una opción totalizadora de la objetividad construida. Algo no menor, frente a las alternativas que se ofrecen en el mercado político-teórico, antes mencionadas.

Laclau versus Žižek: un debate en torno a lo político

Laclau, por cierto, tiene perfecta consciencia de que este es el registro en que se da la disputa teórica que él impulsa. Sin embargo, no siempre parece estar dispuesto a conceder que la forma en que se constituye el antagonismo, esto es, lo político, es una tarea teórica aún en cierne, no cerrada. O si prefiere, en disputa. Más aún, en mi parecer cuando uno trae a colación las polémicas que Laclau ha sostenido con Slavoj Žižek, es siempre posible observar que el punto en cuestión en dichos debates es la forma en que se construye lo político entendido como relación antagónica y no un desplazamiento, ocultamiento ni mucho menos negación de lo político, como sí es observable explícitamente en las alternativas de inscripción discursiva de la dislocación antes mencionadas. Se trata, si se quiere, de una disputa entre compañeros de ruta que puede resultar muy productiva para una empresa hoy en ataque desde distintos flancos.

Que Laclau-Mouffe y Žižek mantengan un "debate productivo" que gira en torno a la forma de construir lo político, no es algo por cierto para nada evidente cuando uno revisa la ácida polémica sostenida por ellos. En efecto, Laclau critica a Žižek en su artículo "¿Por qué construir al pueblo es la principal tarea de una política radical?" contenido en su libro reciente *Debates y Combates* (2008b), calificándolo de ultraizquierdista. Allí Laclau, tras analizar una serie de críticas que Žižek le ha hecho a su libro *La Razón Populista*, concluye: "una intervención verdaderamente política no es nunca meramente oposicionista, es más bien un desplazamiento de los términos del debate que rearticula la situación en una configuración nueva […] [y agrega, refiriéndose a Žižek] esto es lo que hace el llamado ultraizquierdista a la exterioridad total sinónimo de la erradicación de lo político en tanto tal" (Laclau, 2008b: 60). Con ello, Laclau está apuntando su artillería a la tesis del acto que Žižek ha venido desarrollando, y que Laclau interpreta bajo la idea de que para Žižek "solo una violenta, frontal confrontación con el enemigo es concebido como acción legítima" (Laclau, 2008b: 61 y 62) y concluye "De aquí hay nada más que un paso a hacer de la exterioridad *qua* exterioridad el supremo valor político y advocar la violencia por la violencia misma" (Laclau, 2008b: 62).

Lo que, sin embargo, no toma suficientemente en consideración Laclau es que el esfuerzo de Žižek no es pensar un acto radicalmente exterior, si por ello se entiende un acto al margen de todo registro ontológico. Por el contrario, lo que Žižek busca es teorizar un acto que habitualmente ha sido pensado afirmando una radical oposición entre un plano óntico y otro ontológico, o entre Ser y Acontecimiento como lo sugiere Alain Badiou (2005a: 178-179). Por el contrario, Žižek va insistir en visualizar un acto propiamente político como una tensión o curvatura que se produce *dentro* de un solo plano ontológico (Žižek y Daly 2004: 137). Más aún, si su fórmula es plausible, Žižek lograría un imposible, i.e., afirmar una novedad radical, una irrupción simbólicamente discontinua, sin recurrir a un plano de trascendencia, esto es, acuñando una novedad propiamente materialista.

El carácter retroactivo y fundador del acto teorizado por Žižek modifica el significado mismo de la condición de posibilidad que permite la emergencia de dicho acto. Ello está muy en consonancia con lo que, como dijimos, Laclau ha afirmado es "una intervención verdaderamente política", a saber un "desplazamiento de los términos del debate que rearticula la situación en una configuración nueva […]".

Lo político, entendido como constitución de una relación antagónica, no ocurre solamente vía el lento proceso histórico de constitución de un antagonismo mediante una guerra de posiciones *à la* Gramsci, a través de la cual un particular asume la representación universal de los demás componentes de una cadena equivalencial y construye un nuevo horizonte de sentido como Laclau y Mouffe han insistido correctamente, sino también por medio de movimientos combinados de asalto "imposibles" *à la* Lenin, que transforman el orden de lo posible y abren terreno a la emergencia del nuevo sentido común, de la nueva objetividad, como Žižek ha sugerido[38].

La teoría del acto de Žižek resembla así la noción de dislocación desarrollada por Laclau, pues ambas apuntan a la indecibilidad que está en la raíz de una noción pos fundacional de lo político. De esta forma, el acto žižekiano, lejos de estar ubicado más allá de lo político, como a menudo se le señala, complementaría la tarea laclausiana por evitar el olvido de lo político.

Finalmente, es también importante notar que esta noción reactualizada de lo político significaría una revitalización del proyecto de una democracia radical, no solo aquella defendida por Laclau-Mouffe, y en algún sentido, también por Žižek, sino también por perspectivas teóricas más deliberativas, como aquellas propuestas por autores aredtianos y habermasianos. En efecto, una noción de un antagonismo constitutivo como el presentado por Laclau-Mouffe, lejos de oponerse a una lógica deliberativa, demandaría un tipo particular de asociatividad para su

---

[38] Véase el Capítulo Primero de este libro: "La Materialidad Indecible de lo Político: Žižek y la Teoría del Acto".

completo despliegue. Más aún, las categorías de dislocación y de relación antagónica constituyen dos momentos del mismo proceso de constitución de una articulación hegemónica. La deliberación está por tanto presente en dicho proceso porque es condición principal para la constitución de una relación antagónica, el que una demanda particular sea "contaminada" a través de una lógica combinada de equivalencia y diferencia. Ahora, es evidente para la teorización de Laclau y Mouffe que el proceso de "contaminación" experimentado por una serie de demandas particulares no es exclusivamente deliberativo, entendido como un proceso de acción comunicativa *à la* Habermas (1982; 1996; 1999, 2001; 2003). Más aún, el proceso de articulación descrito por Laclau está lleno de componentes no-racionales, tales como afectos y mecanismo inconscientes y subconscientes (Laclau 2004: 307). Sin embargo, el punto a tener presente acá es que la deliberación no debe ser asumida como opuesta a la noción de antagonismo. De hecho, es muy posible encontrar ambos momentos, el antagonista y el deliberativo, formando parte del mismo proceso de constitución de una relación antagónica, o de lo político.

Para el caso de la teoría de Laclau, el momento deliberativo es también una característica común en la formación de una cadena de equivalencias. En tal sentido, la cadena de equivalencia y diferencia vendrá a ser una condensación de un proceso de acciones antagónicas y deliberativas, ambas de tipo racional e irracional.

Para Žižek, a su vez, el momento deliberativo de lo político (aunque no necesariamente exclusivo de una política de democracia radical) está presente en tanto el acto debe militantemente (consiente e inconscientemente) forjarse y mantenerse vivo en su radicalismo una vez que sea forzado y posteriormente declarado como tal por los militantes.

Por lo tanto, podría ser más productivo para un entendimiento programático de la democracia radical asumir ambos momentos de la relación antagónica, el asociativo y el disociativo, como dos dimensiones articuladas del mismo fenómeno abierto de lo político. Esto demandaría, sin embargo, una mayor densidad de la noción de deliberación. Deliberación no debería, por tanto, ser reducida a una mera práctica racionalista (comunicativa). Por el contrario, debería incluir un conjunto más amplio de acciones no-racionales, a menudo presentes en la dimensión asociativa de lo político, pero ignoradas por los llamados teóricos políticos deliberativos.

Es en esta tensión, entre articulación y asalto, en donde el antagonismo resultaría reactualizado como eje central del concepto de lo político. Por lo demás, los mejores políticos siempre han entendido que a la paciente articulación de fuerzas sociales en pos de una universalidad hay siempre que estar dispuestos a dar golpes de timón que apuren y reconduzcan dicho proceso. ¿O no es eso acaso lo que hace igualmente infames a Thatcher (Margaret) y a Lenin (Vladimir Ilich)?

Lo político y la biopolítica: un diálogo áspero

Para finalizar, me referiré breve y muy globalmente a cómo esta noción de lo político, así delineada, permitiría presentar un frente de diálogo o batalla a las tesis de la biopolítica hoy en boga.

En su seminario *Defender la Sociedad, Curso en el Collège de France (1975-1976)*, Michel Foucault describe en la clase del 17 de marzo de 1976, que cierra el curso, el desplazamiento que se habría producido en el siglo XIX en Europa desde un poder de soberanía a un poder sobre la vida. Foucault grafica dicho desplazamiento analizando las máximas que rigen a uno y otro poder. Así, mientras el poder soberano se rige por el aforismo "hacer morir y dejar vivir" el nuevo poder sobre la vida se guiaría bajo el principio de "hacer vivir y dejar morir (Foucault 2000b: 218). La primera máxima alude por cierto al poder del soberano a decidir sobre la vida o muerte del súbdito. En tal sentido, como lo recalca Foucault, el súbdito frente al poder soberano no está "ni vivo ni muerto" (Foucault 2000b: 218). Lo que implica que "la vida y la muerte no son fenómenos naturales […] que están fuera del campo político" (Ibíd.). Sin embargo, el punto clave en la descripción que hace Foucault sobre el poder soberano es que éste no puede en realidad hacer vivir como hacer morir. Más aún, su poder siempre se ejerce "de manera desequilibrada, siempre desde el lado de la muerte" (Foucault 2000b: 218). Esto quiere decir que "el derecho de vida y muerte solo se ejerce a partir del momento en que el soberano puede matar" (Foucault 2000b: 218). Este punto es importante, pues marcará el contrapunto que Foucault quiere hacer con la emergencia de este otro poder que sí se ejerce directamente sobre la vida, no pasando por la muerte, más aún, buscando escapar al límite puesto por la muerte a la vida. Un poder que estará centrado en producir tipos específicos de vida (y por cierto ignorar o dejar morir otros). Para Foucault, la emergencia de este "biopoder" o poder sobre la vida como distinto al poder soberano, tiene dos vertientes principales (Foucault 1977a: 131; 1994, t.III: 231). La primera, cuya ocurrencia Foucault ubica a fines del siglo XVII y durante el siglo XVIII y que asocia con un conjunto de tecnologías disciplinarias, esto es, técnicas de poder centradas en el cuerpo de los individuos. Lo que se buscaba a través de estas técnicas era asegurar "la distribución espacial de los cuerpos individuales (su separación, alineamiento, puesta en serie y bajo vigilancia) y la organización, a su alrededor, de todo un campo de visibilidad" (Foucault 2000b: 219). Una vigilancia o supervisión (panóptico) orientada a incrementar la fuerza útil de los individuos (su productividad). Más aún, se trataba de técnicas de poder "racionalizadas", esto es, que ya no se expresaban bajo la exuberancia demostrativa y dispendiosa del poder soberano, sino dentro de una economía estricta que resultase lo menos costosa posible. El análisis de las "tecnologías disciplinarias" por parte de Foucault dará lugar a su libro *Vigilar y Castigar* 1975 (1977b), pero también a sus cursos del colegio de Francia *El Poder Psiquiátrico* (2005c) y *Los Anormales* (2000a). En especial en *El Poder Psiquiátrico* Foucault precisa que las tecnologías disciplinares que él estudiará en la psiquiatría del siglo XVIII y XIX tienen antecedentes mucho más antiguos, que se remontan a las comunidades religiosas de la edad media, la colonización pedagógica de la juventud, las misiones jesuíticas en Paraguay, y desde luego al ejército con acuartelamiento obligatorio, a los talleres y las ciudades obreras (Foucault 2005c: 81-96).

La segunda vertiente del biopoder que Foucault llamara "biopolítica de la especie humana" (Foucault 2000b: 220; 2006: 2), habría surgido en la segunda mitad del siglo XVIII. Se trata de un poder que no excluye a la tecnología disciplinaria, más aún, la engloba, integrándola y modificándola parcialmente; aunque opera en otro nivel (Foucault 2000b: 219). Este otro nivel al que se dirige esta nueva tecnología de poder ya no es el hombre individuo, sino el hombre especie, que por cierto está integrado por individuos. Es importante destacar aquí la diferencia. En efecto, si la tecnología disciplinaria rige "la multiplicidad de los hombres [en cuanto] cuerpos individuales que hay que vigilar, adiestrar, utilizar y, eventualmente, castigar" (Foucault 2000b: 220), las tecnologías biopolíticas de la especie humana regulan "la multiplicidad de los hombres, pero no en cuanto se resumen en cuerpos sino en la medida en que forma, al contrario, una masa global, afectada por procesos conjuntos que son propios de la vida, como el nacimiento, la muerte, la producción, la enfermedad, etcétera" (Ibíd.). Se trata de un poder que demanda mecanismos propios que ya no son las técnicas disciplinarias, sino aparatos de seguridad destinados a regir previsiones, estimaciones estadísticas, mediciones globales del nuevo objeto-sujeto que Foucault identifica y que llama población (Foucault 2000b: 222). O, como Foucault lo resume: "Mecanismos reguladores que puedan fijar equilibrio, mantener promedio, establecer una especie de homeostasis, asegurar compensaciones [...] alrededor de este carácter aleatorio que es inherente a una población de seres vivos" (Foucault 2000b: 223). Si la disciplina adiestraba individuos mediante un trabajo sobre el cuerpo, los mecanismos reguladores aseguran una regularización de la vida, de los procesos biológicos del hombre/especie. De esta forma, los mecanismos reguladores dan lugar a lo que Foucault llama una "tecnología del biopoder" (Foucault 2000b: 223) que se ejerce sobre la población. Un poder continuo que a diferencia del poder soberano que hacía morir y dejaba vivir, es ahora un poder de regularización que hace vivir y deja morir (Foucault 2000b: 223).

Conviene aquí precisar que tanto la biopolítica como el poder disciplinario, aunque diferentes entre sí como ya se ha mostrado, tienen como objetivo común "maximizar fuerza y extraerla" (Foucault 2000b: 223) de la vida, ya sea de los individuos/cuerpo o del hombre/especie, dando lugar a un biopoder, en su sentido general (Castro 2011: 47) o a lo que Foucault (1994, t.III: 231) también llamaba "somato-poder". En esta tarea común ambas modalidades del biopoder, una a través de la disciplina y la otra por medio de la regularización, echaran mano de la norma (Lemke *et al.* 2011: 38-9). En efecto, "la norma es lo que puede aplicarse tanto a un cuerpo al que se quiere disciplinar como a una población a la que se pretende regularizar" (Foucault 2000b: 228-29). La norma dará lugar a una sociedad de normalización, la que no es, por tanto, puramente disciplinaria, sino una en donde "se cruzan, según una articulación ortogonal, la norma disciplinaria y la norma de regulación" (Foucault 2000b: 229). Más aún, agrega Foucault –concluyendo su reflexión en torno a este poder emergente sobre la vida– "decir que el poder, en el siglo XIX, tomó posesión de la vida, es decir al menos que se hizo cargo de la vida, es decir, que llegó a cubrir toda la superficie que se extiende desde lo orgánico hasta lo biológico, desde el cuerpo hasta la población, gracias al doble juego de las técnicas de la disciplina, por una parte, y las tecnologías de la regularización, por la otra" (Foucault 2000b: 229).

La biopolítica, así entendida, ha puesto en desarrollo desafiantes investigaciones relativas, por ejemplo, a la inseparabilidad de la vida biológica y la vida política en la modernidad tardía, que mostrarían que la vida biológica habría cesado de ser considerada una mera presuposición natural e invariable de la política humana. Y debido a esto, la política habría devenido principalmente en un asunto del gobierno de la vida, por lo que las categorías tradicionales bajo las cuales la política ha sido pensada habrían quedado obsoletas y deberían ser renovadas. Ese es el tenor del trabajo estimulante que lleva a cabo Thomas Lemke (2007) a través de su genealogía de la noción de gubernamentalidad en los trabajos tardíos de Foucault.

Pero, Lemke es solo un ejemplo; uno podría también traer a colación los intentos de Melinda Cooper (2008) en su reciente libro *Life as Surplus. Biotechnology and Capitalism in the Neoliberal Era*, para mostrar la conexión que existiría entre la vida y el excedente (*surplus*), la que se asentaría –a decir de Cooper– en una economía política de la vida biológica, desarrollada en las formas neoliberales del capitalismo actual. A su vez, los correlativos impactos de las transformaciones biocientíficas sobre la normalización de la vida orgánica y biológica de cuerpos y poblaciones, así como su impacto en la emergencia de una "nueva forma de vida", han sido objeto de las investigaciones que en los últimos 25 años ha llevado a cabo Nikolas Rose (1985: 1989; 1996; 1999; 2007); Rose and Novas (2004); Rose y Miller (2008); Rose y Abi-Rached (2013). A lo que se suma los trabajos de Sarah Franklin 1995; 2000; 2005. En particular, Rose

(2007: 5-6) alude a cinco mutaciones que habrían ocurrido en torno a la biociencia y que influirían directamente en la emergencia de una nueva forma de vida, a saber: a) *molecularización*, esto es, el paso del estudio de la vida como organismo (cuerpos, órganos, etc.), a la vida concebida como procesos moleculares (químicos, genéticos); b) *optimización*: el paso de una medicina concentrada en la salud y enfermedad a otra centrada en la producción de óptimos de vida, individuales y colectivos; c) *subjetivización*: la emergencia de nuevas ciudadanías (biológicas) que bregan por un tipo de vida saludable; d) *experticia somática*: la emergencia de múltiples profesiones o autoridades (ej.: consejeros genéticos, comités bioéticos) que gobiernan en base a la nueva experticia biomédica la existencia somática; y e) *economías de vitalidad*, esto es, el desarrollo de un nuevo tipo de economía capitalista (biocapitalismo) que hace del biovalor (la vida como valor) su fuente de ganancia principal.

Finalmente, conviene mencionar los trabajos recientes de Roberto Esposito (2008) quien intenta presentar una filosofía política de la vida, o biofilosofía, como él la llama. En efecto, Esposito busca primeramente mostrar cómo su paradigma explicativo de la inmunización, esto es, el distanciamiento de los individuos de la comunidad a consecuencia de la modernidad política, habría implicado, finalmente, la creación de mecanismos de auto-inmunización en los cuales lo político confluiría en lo puramente biológico, lo que politizaría lo biológico de la misma forma que biologizaría lo político. Sin embargo, sabemos que las ambiciones de Esposito son mayores pues no solo asume –como señala Vatter– : que "entendida como el ejercicio de poder político sobre la vida que conduce a una política de la muerte, a un racismo moderno y al totalitarismo, la biopolítica debe ser rechazada; sino también defiende la idea de que entendida como una nueva clase de poder que se desarrolla desde la vida misma, la biopolítica debe ser considerada positiva, pues contiene la promesa de una nueva política" (Vatter: 2009: 8).

No es este el lugar para analizar en profundidad el desarrollo argumental de las tesis de la biopolítica desplegadas por Lemke, Cooper, Rose o Esposito. Lo que me interesa ahora, sin embargo, es hacer notar que en el mérito de los estudios de biopolítica pudiese encontrarse también su propio desmérito, –no hablo de riesgo, aunque uno pudiese también presentar este argumento en tal registro–. En efecto, cuando Foucault observa agudamente que el capitalismo al descansar, para su generación, en la fuerza del trabajo, necesariamente pone al centro de su operatoria a la vida biológica humana, pues es ella la que subyace en la generación del poder del trabajo, construye una reflexión que solo es posible entenderla como "política" si uno excluye de ella todo atisbo que aluda a una racionalidad antagónica, esto es, de lo que aquí hemos entendido como lo político; y la reemplaza por otro tipo de racionalidad, la racionalidad del gobierno de la vida, o como dirá Foucault "la conducción de conductas". Para Foucault, quien se interesaba por registrar las trasformaciones precisamente de las racionalidades del poder, que para él, al menos, incluían las referidas al poder pastoral, al poder soberano, y finalmente al poder gubernamental, ello no constituía un problema, pues su propósito era genealógico y no programático. Sin embargo, cabe todavía preguntarse más allá de la lógica foucaultiana, sino estamos asistiendo no solo a la emergencia de una nueva "política" que trasforma la vida, para bien o para mal, esto es, como fuente en sí misma originaria y eterna de poder, o como simple manipulación vía expurgación de la muerte que se encuentra en ella, o sea como tanatología, sino también a un nuevo intento por excluir "lo político", esta vez de las definiciones más centrales que siempre éste ha implicado, a saber: la vida propia y su posibilidad de muerte física. Citemos en esto, por última vez, a Schmitt:

> "Los conceptos de amigo, enemigo y combate reciben su sentido concreto por el hecho de que se relacionan especialmente con la posibilidad real de la muerte física y mantienen esa relación. La guerra proviene de la enemistad puesto que ésta es la negación esencial de otro ser. La guerra es solamente la enemistad hecha real del modo más manifiesto. No tiene por qué ser algo cotidiano, algo normal; ni tampoco tiene por qué ser percibido como algo ideal o deseable. Pero, debe estar presente como posibilidad real si el concepto de enemigo ha de tener significado" (Schmitt 1996: 33).

Y si es así, la crítica desde lo político a la biopolítica, al menos a sus versiones más maniqueas, no solo no aparece como obsoleta, sino que es muy pertinente, más aún, constituye un motivo central en el esfuerzo por construir una democracia radical que fortalezca la comunidad pública. En efecto, si es la vida y qué tipo de vida lo que está en cuestión ya sea en la operatoria neoliberal o en las propuestas biofilosóficas, para nombrar un adversario malo y otro bueno, entonces los agrupamientos entre amigo y enemigo, la relación antagónica, esto es, la posibilidad real de la muerte física inherente a lo político, devienen en vigías para entender los intentos, en tal sentido no-políticos, de manipulación, expurgación o eternalización de la vida.

VI Lo político de la multitud:
Una crítica a Negri y García Linera

¿Qué es la multitud? En su último libro *Commonwealth* (2009), Antonio Negri y Michael Hardt presentan dos momentos de respuesta a este interrogante, que en verdad, son dos momentos que han venido trazando desde sus textos anteriores *Empire* (200) y *Multitude* (2004), del cual *Commonwealth* constituye su tercera parte. El primer momento, probablemente el más conocido y documentado también por otros autores como Paolo Virno en *Gramática de la Multitud,* un texto del 2003, es decir posterior a *Imperio* pero anterior a *Multitude*, es su pasaje de historia conceptual. Es el momento en donde Negri y Hardt muestran cómo el término multitud ha sido recogido, habitualmente despreciativamente, en la historia política y social de occidente, al menos desde el siglo XVII en adelante. Un ejemplo citado por Negri y Hardt es el de Robert Filmer, un escritor inglés, autor de *El poder natural de los reyes* (1680). En dicho texto, Filmer establece su defensa de la doctrina del derecho divino o "poder natural" de los reyes a gobernar. Ahora bien, Filmer –nos dicen Negri y Hardt– rechazando la alegación hecha por algunos autores, como el Cardenal Bellarmine, de que la multitud tendría el poder para determinar el orden civil, basado en un derecho natural común que le pertenecería, sostiene en contrario que:

> "Nunca hubo tal cosa como una multitud independiente que al principio tuviera un derecho natural a la comunidad [...] Esto no es más que una ficción o fantasía sostenida por demasiados en aquellos días" (Filmer 1991: 236).

Indicación interesante, pues muestra que la alusión negativa a una cierta noción de multitud, y su supuesto derecho natural a la comunidad que le asistiría, pudiera haber estado a lo largo del siglo XVII más extendida de lo que se piensa. Esta intuición viene a quedar en alguna forma consagrada cuando se analiza el caso paradigmático en este respecto, citado y analizado tanto por Virno como por Negri y Hardt, me refiero al caso de Thomas Hobbes, autor del *Leviatán* entre otros textos. Hobbes parece requerir, para afirmar su noción de pueblo, central en su teoría de la soberanía, de una noción opuesta o denigrada de pueblo, que él encuentra en la multitud, afirmando que ésta –la multitud–, a diferencia del pueblo, se caracterizaría por ser una masa informe que carece de toda aptitud política. Con ello, Hobbes parece significar que la multitud, que para él es más bien la muchedumbre, no reúne los requisitos mínimos de la acción política, a saber: la unidad y coherencia de voluntad. Más aún, para llegar a ser un cuerpo político –sostiene Hobbes– la multitud debe devenir en un pueblo que es definido precisamente por su unidad de voluntad y acción. Hobbes lo dice en estos términos:

> "Cuando la multitud está unida en un cuerpo político, y por tanto es un pueblo [...] y sus voluntades [la de los particulares que componen la multitud] virtualmente están en el soberano, ahí los derechos y demandas de los particulares cesan; y aquel o aquellos que tienen el poder soberano, hacen por ellos todas las demandas y reivindican bajo el nombre suyo, aquello que antes ellos [los particulares] llamaban en el plural, suyos" (Hobbes 1994: 125).

Esta oposición entre pueblo definido por su unidad de voluntad y acción, y multitud asumida como un conjunto de singularidades dispersas, una muchedumbre, un conjunto de condenados y harapientos como los llamaba Robespierre, será también central en la reflexión de Baruch Spinoza (1632-1677), probablemente el filósofo que, a contrapelo de la corriente dominante de su época, más avanza en una positiva y reivindicadora meditación en torno a la noción de multitud. Para Spinoza, multitud es la noción que mejor expresa los procesos de mixtura y composición que él observa se daban en la sociedad de su época. Siguiendo una reflexión antes propuesta por el físico irlandés Robert Boyle (1621-1697) en el campo de la física de partículas, Spinoza entiende a la multitud como un cuerpo complejo y mezclado que está compuesto por la misma lógica del encuentro que afectaría a las partículas materiales.

Esto es, la multitud es asumida como un cuerpo inclusivo –nos dicen Negri y Hardt– que no solo está abierto al encuentro de otros cuerpos que habitan unos con otros, sino además su vida política depende de la calidad de dichos encuentros, de la misma forma como ocurriría con la energía en las partículas materiales.

La idea, por tanto, de fusión de una sola voluntad y acción, en la voluntad del representante que Hobbes destaca en su obra, es totalmente ajena a la reflexión propuesta por Spinoza. En efecto, recuérdese que Hobbes afirma en el *Leviatán* que:

> "Una multitud de hombres se convierte en *una* persona cuando está representada por un hombre o una persona, de tal modo que ésta puede actuar con el consentimiento de cada uno de los que integran esta multitud en particular" (Hobbes 1984: 172).

Y agrega Hobbes, para no dejar dudas al respecto:

> "[…] es en efecto *la unidad del representante*, no la *unidad* de los representados lo que hace la persona *una*, y es el representante quien sustenta la persona, pero una sola persona; y la unidad no puede comprenderse de otro modo en la multitud" (Hobbes 1984: 172).

Para Spinoza, por el contrario, como nos recuerda Paolo Virno, el movimiento es inverso en tanto:

> "el concepto de *multitud* indica una *pluralidad que persiste como tal* en la escena pública, en la acción colectiva, en lo que respecta a los quehaceres comunes (comunitarios), sin converger en un Uno, sin desvanecerse en un movimiento centrípeto. Multitud es la forma de existencia social y política de los muchos en tanto muchos: forma permanente, no episódica ni intersticial. Para Spinoza, la *multitud* es la base, el fundamento de las libertades civiles (Spinoza 1677)" (Virno 2003: 11-12, énfasis del original).

De allí que finalmente Spinoza termine afirmando que la multitud es el único sujeto posible de la verdadera democracia –la democracia absoluta–, no así el pueblo, en atención a que la multitud encarnaría la multiplicidad de las singularidades que el pueblo, debido a su exigencia de inmolación de dichas singularidades en pos de la unidad, o mejor aún, de la condición de posibilidad de existencia del representante, termina abortando, ahogando, conculcando (Negri y Hardt 2009: 43).

Cabe anotar, sin embargo, una precisión que me parece clave para evitar malos entendidos y anunciar lo que en verdad está en discusión aquí. La multitud teorizada por Spinoza corresponde desde el comienzo a una categoría que lejos de afincarse en la imagen denostada, pero también romántica del vagabundo, del pordiosero, del descamisado, del sujeto-objeto de caridad, está más bien cercana a la figura expectante del desposeído; esta es la aclaración que hay que hacer.

El desposeído en la reflexión de Spinoza, que destacan y asumen también Hardt y Negri, no está nunca marginado, salvo de la propiedad, cuya función central precisamente es establecer controles de la producción del desposeído, pero nunca de su exclusión o marginación del circuito productivo, pues en tal caso la propiedad no tendría ningún valor, desde la perspectiva de la reproducción de la condiciones materiales de existencia que exige –como la economía clásica ha enseñado desde David Ricardo en adelante– la mantención de desposeídos que produzcan para los que poseen.

De allí que podemos afirmar que la multitud no está así integrada (solo) por pordioseros y vagabundos, sino fundamentalmente por los *pobres*. Alerto desde ya que la noción de pobre que tienen en mente tanto Spinoza como Hardt y Negri no se corresponde ni con la de pordiosero, como ya dije, pero tampoco con la de una población de bajos ingresos como lo acostumbran a registrar las estadísticas sociales. Por el contrario, el pobre es aquel que precisamente por estar privado de la propiedad de los grandes medios de producción dispone potencialmente de todas las opciones para el desarrollo de una subjetividad productivamente libre, no sujeta a rangos ni jerarquías. En tal sentido, la multitud está compuesta por pobres, siempre y cuando se entienda con ello que la multitud está abierta a todos o a casi todos.

Esta contra-intuitiva noción positiva de pobreza o de pobres, como singularidades integrantes de la multitud, no es posible, sin embargo, entenderla sin acudir al segundo momento de reflexión que Negri y Hardt proponen de la noción de multitud. En este segundo momento, teórico-contextual, la noción de multitud, aunque mantiene su denotación significante en oposición a la categoría rival de pueblo, como unidad de voluntad y acción, desarrollada por Hobbes, se inscribe ahora en verdad dentro de un esfuerzo teórico discursivo mayor, en el cual la multitud adquiere su pertinencia; me refiero al paradigma de la biopolítica de la producción que Negri y Hardt desarrollan, es a ello a lo que ahora me referiré.

El paradigma biopolítico

La biopolítica constituye uno de los aportes teóricos más significativos a que ha dado lugar los llamados trabajos tardíos de Michel Foucault. Se trata de un desplazamiento que Foucault documenta, afectaría o habría afectado el objeto o propósito del poder[39]. El poder, insiste Foucault, habría comenzado a perder su puro carácter disciplinar, centrado en el individuo al que constituía como sujeto disciplinado, y que fuera propio, y todavía lo es en verdad en países como el nuestro, de la racionalidad del estado-nación. Piénsese, como ejemplo de este poder disciplinar, en el joven convocado para hacer su servicio militar que por el solo llamado público del cantón de reclutamiento pasa a ser interpelado en tanto sujeto del estado que lo convoca como nacional, como nos diría Althusser; luego, al responder a dicho llamado y presentarse a la convocatoria es tratado y denominado como "pelao"; a poco andar es asumido como conscripto y luego de peculiares disciplinas de constricción y pasaje que incluyen ceremonias privadas (generalmente bautizos violentos y obscenos) y públicas (ritual del juramento de la bandera frente a familiares y amigos), deviene en soldado. Pues bien, es dicho tipo de poder disciplinador, argumenta Foucault, el que habría comenzado a ser desplazado –aunque sin desaparecer totalmente habría que aclarar– hacia otra denotación del poder, o si se prefiere hacia otro tipo de poder, cuyo objeto central sería ahora *el control*, ya no solo del individuo sino de las poblaciones; dispositivo que Foucault llama Biopoder.

[39] Véase la sección 'Lo Político y la Biopolítica: Un Diálogo Áspero' en el Capítulo V de este libro: "Articulación y Asalto, los dos Momentos de lo Político: Laclau, Žižek y Foucault en Debate".

La transición de un poder disciplinar a otro controlador, en Foucault, es posible rastrearla a partir de su libro *Vigilar y Castigar* de 1976, pero con mayor énfasis en *La Historia de la Sexualidad* I de 1977a [1976], y con claridad en sus clases del Colegio de Francia de 1978-79, *Seguridad, Territorio y Población* y, de 1979, *El Nacimiento de la Biopolítica*.

Lo que conviene dejar claro aquí es que el paradigma del control se diferencia del de la disciplina (entendidos ambos eso si como dispositivos de constitución de subjetividad), en el hecho de que en el control la efectividad de la producción de dicha subjetividad ya no está puesta en la eficacia del gran sujeto disciplinador, a saber: el estado y su razón que impone —la razón de estado—, sino en el entusiasmo de los individuos integrantes de una población que, digámoslo así, terminan controlándose, o auto-controlándose a sí mismo. En efecto, los individuos sujetos-objetos del paradigma de control son guiados por una razón propia, ordenada tras un propósito productivo, y movilizada por sus propios goces individuales, los que son estimulados pero en ningún caso impuestos por el estado o algún aparato centralizado. Piénsese, por ejemplo, en el sujeto *no solo no* disciplinado sino más bien libre y deseoso que fin de semana tras fin de semana hace del recorrido de los *shopping centers* de las ciudades su paseo más esperado. Diremos —siguiendo a Foucault— que dicho sujeto no está en verdad disciplinado, en el sentido que sus acciones, voluntades y deseos no aparecen constreñidas por la imposición de algún deber externo emanado de un gran Otro, ordenador. Por el contrario, el sujeto estaría ahora controlado, en el sentido de estar conducido por un motivo que siente como propio (su deseo), no impuesto como deber disciplinar, aunque sí como una exigencia propia, íntima, producida en la interacción con los deseos de los otros, o lo que es lo mismo, del gran Otro. De allí que lo que ahora constituiría el objeto (en el sentido de objetivo, de meta) del control del biopoder, no sean las conductas públicas como lo eran en el paradigma disciplinador (pagar los impuestos, respetar a las autoridades, hacer el servicio militar, etcétera.), sino formas completas de vida, que incluyen sueños privados, fantasías sociales, pasatiempos, rutinas, estilos, etc. Más aún, el tipo de poder y política que acompañaría al paradigma del control sería uno que se desplegaría *sobre la vida*, o mejor aún, que administraría y produciría vida, un tipo específico de vida o vidas en plural, a través, por ejemplo, del gobierno de las poblaciones, de la administración de la salud, de la estandarización de las capacidades reproductivas, del despliegue de los idearios mediante oleadas de imágenes de éxito, temor o chovinismo. Un buen ejemplo de esto último lo constituyen los periódicos dominicales, sobre todo las secciones de vida social, policial e internacional en donde se encuentran condensadas respectivamente, las imágenes de éxito, temor y chovinismo referidas; todas en el mismo lugar y al mismo tiempo, para ser digeridas, junto al café, durante las mañanas tranquilas de los domingos.

Ahora bien, como nos advierte Foucault en *Seguridad, Territorio y Población* (sus clases del Colegio de Francia de 1978-1979), cabe notar que este nuevo paradigma de biopoder coincide tanto con las etapas del surgimiento del liberalismo, con su reacción a éste, ensayada por el estado de bienestar, y desde luego con la emergencia del neoliberalismo o neoliberalismos en plural, las que así entendidas no serían sino expresiones de un solo nuevo tipo de paradigma de poder que acompañaría el estadio actual de desarrollo capitalista. Ello a su vez permitiría –a decir de Negri y Hardt, en lo que sería una proyección positiva u optimista de la mirada más escéptica de Foucault– la posibilidad cierta de que, a la par de estas modificaciones en los ciclos de producción capitalista, se estuviera incubando también la posibilidad del despliegue de una nueva categoría de sujeto emancipador, a saber: la multitud –tema al que volveré más adelante en este capítulo–. Ahora conviene observar algunas aplicaciones prácticas de este nuevo paradigma de control.

Disciplina y control en pasajes del Chile actual

Expondré a continuación dos ejemplos de lo que sería, el primero de ellos, una aplicación eficiente del paradigma del biopoder; el segundo, una desestabilización, aunque momentánea del mismo. Ejemplos en los cuales espero mostrar la forma en que la noción de multitud opera en su ambivalencia de objeto-sujeto del biopoder.

En cuanto a lo primero, me referiré a la implementación del Sistema de Protección Social que en cuanto política pública ha venido desplegándose en el Chile actual desde al menos el gobierno de Ricardo Lagos

(2000-2006) en adelante, incluyendo, por cierto, el de Sebastián Piñera (2010-2014) y el actual de Michelle Bachelet (2014-2018). El Sistema de Protección Social no es solo un nuevo esquema de previsión pública, sino, y fundamentalmente en el contexto de nuestro análisis, un modelo de formación de subjetividades que resulta muy compatible con el tipo de producción capitalista en cierne en el Chile actual. En efecto, el Sistema de Protección Social no corresponde en ningún caso a un diseño de una previsión social guiado por principios universales de protección del ser humano en cuanto tal, esto es, como categoría universal, sino por el contrario, corresponde a un modelo de protección particular y funcional a un cierto tipo de productividad económica. Se trataría de una productividad funcionalmente vinculada a *la externalización* –desde la estructura de costos de producción capitalista– de los riesgos asociados y generados por el propio sistema productivo. Tómese, por ejemplo, la cesantía que antaño constituía un indicador social y económico o socioeconómico crítico que anunciaba el mal funcionamiento productivo de la economía en general, es decir, al haber cesantía había también baja o estancamiento en el crecimiento económico. Ahora, por el contrario, la cesantía ha devenido solo en un grave indicador social, pero que podría convivir perfectamente –y de hecho lo hace– con una economía capitalista "sana", esto es, productiva, desde el punto de vista de las altas tasas de ganancias del capital. La cesantía, como también ocurre con la desigualdad de ingresos, es así expulsada del sistema productivo, es expurgada de su condición de síntoma de una falla productiva general y relegada a una mera condición individual de inhabilidad, una falla en la subjetividad del que presta servicios o trabaja. Obsérvese, que la nominación de cesantía pierde en tal sentido su impersonalidad, como categoría abstracta y se encarna en el "cesante", el sujeto a quien se le achaca su falta de educación o "capital social", precisamente porque no se ha capacitado, en definitiva, porque no se ha sometido eficientemente al Sistema de Protección Social diseñado precisamente para eso, superar su falla como sujeto productivo. La consecuencia de esto es dada por el hecho de que el último y verdadero responsable de la cesantía no termina siendo el sistema productivo global, que es desacoplado de la cadena causal que explica la generación de la cesantía, y en tal medida resulta inmune a su ocurrencia, sino el individuo fallido.

Lo que se busca, por tanto, *proteger* en el Sistema de Protección Social, es una población que ha dejado, temporal o definitivamente, de ser productiva, con el propósito –de ser ello posible– de rápidamente reintroducirla en el circuito de la producción, y hasta donde ello sea factible, esto es, hasta que su inhabilidad definitiva no sea declarada. De ahí que a los proponentes del Sistema de Protección Social les resulte muy coherente afirmar que su propósito es la protección de la población, o multitud en cuanto objeto, habría que agregar potencialmente productiva, que se extendería "desde la cuna a la tumba", como rezaba su lema de propaganda.

El segundo ejemplo al que me referiré, es aquel que muestra un caso de desestabilización, al menos momentánea, del modelo de biopoder. Tal situación ocurriría, sin embargo, más por la exacerbación de las lógicas centrales de operación del biopoder que por el descrédito o deslegitimación en que ellas pudieran haber devenido; pero que de todas formas mostrarán una faceta de falibilidad del biopoder a la que vale la pena prestar atención. Me refiero a los saqueos de supermercados ocurridos en la ciudad de Concepción (sur de Chile) tras el terremoto de Febrero de 2010. Lo que muestran tales sucesos, en mi entender, no es el derrumbe de la estructura normativa disciplinar que acompañaría el ejercicio del poder local del estado en la sociedad chilena, como clásicamente se ha tendido interpretar. Por el contrario, lo que ocurrió allí habría más bien que entenderlo como un desborde del paradigma de control al que nos estamos refiriendo, que para ser productivo requiere altas dosis de libertad y goce, las que sin embargo, entroncadas con el miedo y la paranoia emanadas de la catástrofe, pueden resultar altamente explosivas.

El punto que quiero ilustrar es que el problema a explicar en los saqueos de Concepción no son los saqueos en sí mismos, de abundante ocurrencia en la historia social de nuestro país, sino su carácter anti-marginal, por una parte, esto es, el hecho de que hayan sido protagonizados por sectores de la población socialmente integrados; y, por otra parte, su exteriorización en objetos marcados por inyecciones profundas de goce y deseo (plasmas, reproductores de videos, grandes refrigeradores, computadores, etc.): el goce y deseo de la adquisición. Lo que quiero decir es que, en estricto sentido, lo que vimos en lo saqueos de Concepción no constituyó un fenómeno clásico de implosión social, en donde el gran Leviatán y su estructura local de integración social habrían sido superados, cayendo apabullantemente en descrédito o deslegitimación. Lo que ocurrió más bien fue un fenómeno de exacerbación, de sobreabundancia, o si se prefiere de sobre-creencia en una práctica o mejor aún, forma de vida cotidiana y normal de los individuos que integran las poblaciones en el paradigma del control, a saber: la forma de vida consumidor. El consumidor –como ha dejado claro la sociología contemporánea (Moulian 1998)– lejos de ser un marginal o un anti-social, en el sentido más clásico del término, es un sujeto integrado al corazón mismo de las lógicas de funcionamientos de las sociedades, entre las cuales, la lógica de la adquisición de deseos, sueños, y paradojalmente necesidades (no solo bienes que satisfagan necesidades), es central. Más aún, como lo ha descrito Lacan, en la adquisición lo importante no es tanto el objeto del deseo (el plasma, el refrigerador gigante, etc.), sino la causa (objeto de) de dicho deseo (la imagen difusa tras la cual se va en búsqueda, al desear el objeto), el *pequeño objeto a*, que es siempre una forma, un recipiente vacio pero roto en su base, en búsqueda afanosa de ser llenado. De allí que la lógica de adquisición sea tremendamente movilizadora o integradora si se quiere, pues produce un deseo que es siempre insatisfecho y que invita a su repetición. Es lo que ocurre cuando tras acumular por meses el deseo de adquirir el nuevo I-Phone o iPad que llegó al mercado, finalmente lo adquirimos, momento que da rápidamente paso a la desafección, a la insatisfacción no confesada, silente, rumiante ("no era lo que esperaba, pensamos"), y a la reanudación de la búsqueda de la satisfacción y por tanto de la adquisición.

Ahora bien, y volviendo a nuestro ejemplo, la población de Concepción, integrada como consumidor; enfrentada con una calamidad pública como lo fue el terremoto; enfrentada al desamparo de la "sobrevivencia" (aunque muy, muy momentánea), asumió la opción de acaparar, pero no solo o incluso ni siquiera primordialmente alimentos, sino de productos inyectados de goce y deseo, productos que centralmente constituyen su propia subjetividad como sujetos libres y deseosos. No hubo, por tanto, en Concepción una crisis de legitimidad del sistema de integración social que domina hace tiempo la sociedad de Chile actual, sino una *desestabilización* debido a una subida de voltaje de una corriente que en condiciones normales alimenta las luminarias de la subjetividad de las poblaciones actuales. Y en tal sentido, fueron saqueos protagonizados por la *muchedumbre* en cuanto objeto que devino en sujeto descarrilado del Chile actual.

Multitud y emancipación en alusión a la historia reciente boliviana

Si la noción de multitud es habitualmente –en condiciones de normalidad– considerada como objeto de control, como hemos visto ocurriría en el caso del Sistema de Protección Social, o a lo más como "sujeto descarrilado", como acontecería en los saqueos de Concepción, ¿en qué medida y sentido la multitud pudiera ser asumida como sujeto emancipador, como parece ser la intención y propósito de toda la reflexión política a la que Negri y Hardt nos invitan?

Para responder a dicha pregunta tenemos que intentar hacer un breve trazado de las intuiciones más fundamentales que se derivan del análisis no ya del biopoder sino de la biopolítica en Negri y Hardt. Esto es, mirar el asunto, no solo desde la perspectiva del desplazamiento que habrían experimentado las estrategias centrales del poder engendradas al interior del paradigma de biopoder como lo hemos hecho hasta ahora, sino que sumar a ello además una mirada a lo que Negri y Hardt han llamado la nueva biopolítica de la producción, gestada en el estadio actual del capitalismo global. Lo haremos, sin embargo, observando también la noción paralela de "sociedad abigarrada" trabajada por Álvaro García Linera en la Bolivia actual.

La noción de sociedad abigarrada fue acuñada originalmente por el sociólogo boliviano René Zavaleta en dos textos muy influyentes: *Las masas en Noviembre* publicado en 1983 y *Lo nacional-popular en Bolivia* de 1986. En dichos textos Zavaleta presenta una singular visión de la sociedad boliviana, la que caracteriza como compleja, en el sentido de que ella no quedaría comprendida ni menos explicada, apelando a un clásico patrón homogéneo de integración de tipo clasista, que Zavaleta llama forma-sindicato, y que había caracterizado a la sociología boliviana de corte marxista hasta entonces. Por el contrario, lo que caracterizaría a la Bolivia actual sería un conjunto de capas o sectores superpuestos, provenientes de las treinta y siete distintas nacionalidades indígenas que componen Bolivia, campesinos de distinto tipos, obreros industriales, y mineros, sumados a sectores de capa media, burguesía y terratenientes. Un calidoscopio social, frente al cual Zavaleta muestra la obsolescencia e inoperancia de la antigua categoría de clase, ya sea para postular su aprehensión teórica, como para impulsar su organización material. De allí que Zavaleta proponga en cambio lo que él llamará la forma-multitud, como una nueva categoría político-teórica para aprehender e interpretar una sociedad en tal sentido abigarrada como la boliviana.

El rasgo distintivo de la forma-multitud, en cuanto lógica de acción y organización colectiva, estaba puesto para Zavaleta en el marcado carácter espontaneista y autonómico que las luchas sociales en la sociedad boliviana adquirían, lo que no era más que el corolario lógico de la gran multiplicidad y diferenciación funcional existentes entre los componentes que integraban dicho tipo de sociedad. Un espontaneismo que aunque Zavaleta lo teorizó en oposición a la unidad homogénea presentada por la categoría de clase, significó desde el comienzo un debilitamiento teórico-práctico evidente tanto para la comprensión como para el impulso de las luchas alter-mundistas que se comenzaban a perfilar en Bolivia desde 1988 en adelante, fecha que coincide con la fundación del Movimiento al Socialismo (MAS), la organización política que conduce los destinos de la Bolivia actual.

En efecto, lo que la fundación del MAS puso en evidencia fue que una sociedad abigarrada como la boliviana no se correspondía única y exclusivamente con un tipo espontaneista de politización como Zavaleta lo había sostenido. Más aún, dicha sociedad no solo resultaba compatible, sino también dependía de los éxitos o fracasos de la emergencia de un nuevo tipo o forma de organización central, que el MAS trató de encarnar. En efecto, la reflexión político teórica que tanto Álvaro García Linera como los demás intelectuales orgánicos del MAS, muchos de ellos agrupados en el colectivo Comuna: Raquel Gutiérrez, Raúl Prada y Luis

Tapia, comenzaron a desplegar, fue un intento por re-significar la forma-multitud acuñada por Zavaleta. Se trató de un esfuerzo por depurar la noción de multitud de su carácter meramente pasivo y espontaneista, y relacionarla ahora con la idea de una forma de organización política que conjugara la multiplicidad de las singularidades sociales en lucha en la Bolivia actual, con la necesidad de coordinar sus acciones, manteniendo el carácter igualitario y horizontal de las estructuras organizacionales que las contenían. Una tarea de suyo difícil, pero en juicio de García Linera, ineludible. De alguna forma, lo que García Linera intenta teorizar son las falencias no solo de la forma-multitud desplegada por Zavaleta, sino también de la noción de Multitud desarrollada por Negri y Hardt, o al menos de una versión de dicha noción, la que ha sido atacada precisamente por su espontaneismo y excesivo carácter reactivo a un paradigma de biopoder que se impone sobre ella. En otras palabras, por carecer de una reflexión que dé respuesta, como lo ha sostenido Laclau (2008b: 138-139) entre otros, a la pregunta acerca de la forma en que tendría lugar el momento de articulación política de las luchas de las singularidades heterogéneas que componen la multitud. García Linera prefiere, sin embargo, acuñar su reflexión de la siguiente forma:

> "No aplico la 'forma multitud' en el sentido de Toni Negri, sino en el sentido de una asociación de asociaciones de varias clases e identidades sin una hegemonía única dentro de sí. Pueden sumarse campesinos, regantes, estudiantes, obreros sindicalizados, desocupados, intelectuales, individuos sueltos, y la hegemonía se mueve alrededor de temas, de circunstancias, movilizaciones temáticas, autonomía de cada organización en función de sus repertorios, estructuras y sus maneras de cumplimiento; subsiste, sin embargo, una voluntad de acción conjunta en torno a un tema y a liderazgos móviles y temporales" (García Linera 2008: 41).

Nótese que lo que está en debate acá no es en verdad una diferencia en la caracterización de un tipo de sociedad –sociedad abigarrada para el caso boliviano– o de un tipo especial de producción capitalista –biopolítica, para Negri y Hardt – como veremos al final de este capítulo, lo que habría vuelto obsoletas las clásicas formas de organización de tipo clasistas –caracterización en la que ambas visiones tienden a coincidir–.

Por el contrario, lo que está en debate es una cuestión en verdad más política, o para ser más preciso, que tiene que ver con la táctica de organización de la acción política en condiciones de luchas diferenciadas o heterogéneas. En efecto, el punto de García Linera no es solo dar cuenta, y en gran medida celebrar la multiplicidad de singularidades que caracterizaría a la Multitud como Negri y Hardt han venido profesando desde hace tiempo, sino hacerse cargo de una cuestión más demandante, y que apunta a cómo organizar políticamente dichas singularidades, cómo actuar políticamente en un contexto de alta diferenciación, o si se prefiere cómo politizar singularidades que bregan y hacen de su identidad central su propio singularismo, al que no quieren renunciar. El éxito político-teórico de la experiencia del MAS ha sido precisamente lograr dar respuesta práctica a dicho dilema, una cuestión no menor. No es mi intención analizar en detalle la historia organizativa del MAS y la forma exitosa en que ha resuelto dicho escenario plural de politización[40]. Mi punto se reduce solo a mostrar cómo una noción como la multitud, elaborada por Negri y Hardt, encuentra en situaciones políticas concretas, como ocurre en Bolivia, una experiencia que la tensiona, devela sus límites y hace en definitiva avanzar. De allí que enfrentado a las críticas que apuntaban al carácter espontaneista de la noción de multitud, puesta en juego como he dicho no solo por Ernesto Laclau, sino también por Pierre Macherey (2004), Negri y Hardt han tenido que refinar su argumentación y han sostenido ahora en *Commonwealth* que:

> "con el propósito de responder estas cuestiones tenemos que mostrar cómo la multitud no es un sujeto político espontáneo, sino un proyecto de organización política, por lo tanto debemos mover la discusión desde un *ser* la multitud a un *hacer* la multitud" (Negri y Hardt 2009: 169).

Lo relevante en el desplazamiento aludido, desde una noción de multitud como objeto o sujeto descarriado, como veíamos en los ejemplos chilenos del Sistema de Protección Social y los saqueos de Concepción respectivamente, a otra como un proyecto de organización política a decir de Negri y Hardt o una "asociación de asociaciones" a decir de García Linera, es que inaugura un campo de acción política para una reflexión

---

[40] Véase al respecto García Linera (2009).

teórica compelida por la realidad, y no meramente especulativa, de un paradigma de una biopolítica positiva, como lo muestra la experiencia boliviana. En otras palabras, se abre la opción para la reflexión sobre una acción política que actuando dentro del paradigma de control, esto es, asumiendo sus lógicas desestructurantes y flexibilizadoras, planteé, sin embargo, acciones emancipadoras, que buscan quebrar creativamente con los límites impuestos por dicho biopoder.

La biopolítica de la producción

Analizar más a fondo esta posibilidad requiere, sin embargo, que consideremos, para finalizar, al menos algunos de los rasgos más significativos del nuevo escenario que habría permitido la emergencia de la biopolítica de la producción propuesta por Negri y Hardt. En particular, me interesa destacar la idea de que lo que está verdad en juego en este análisis no es solo la caracterización a esta altura conocida de un capitalismo post-fordista, esto es, un capitalismo flexibilizado, externalizado y ajeno a cualquier lógica de producción en masa y/o en serie como la que caracterizó al capitalismo en tal sentido fordista-taylorista de antes de la crisis económica de 1973 (Amin 1994). Piénsese en la empresa de producción de autos Ford en EEUU donde se producía desde la carrocería hasta el motor, pasando por la butacas y las llantas del vehículo que se lanzaban al mercado, todo en la misma fábrica de ensamblaje, y compáresela ahora con la producción post-fordista de artículos de vestir *Nike*, cuya empresa no tiene en verdad ninguna fábrica monstruosa de producción textil central, sino solo un muy buen aceitado sistema de control de calidad de las producciones subcontratadas de pequeños talleres textiles extendidos a lo largo del planeta, sobretodo en países con bajo costo de mano de obra; sumado a una muy exitosa gestión de marketing de su marca, asociada a imágenes de éxito deportivo. No es solo dicha transformación en los modelos productivos lo que interesa a Hardt y Negri resaltar, sino una idea más original, a saber: la creciente, y para ellos, irreversible, condición improductiva que afectaría al capital dentro del nuevo sistema global de producción, el que estaría deviniendo en tal sentido en un sistema de producción crecientemente *post-capitalista*

(Negri y Hardt 2009: 131-149). En otras palabras, lo tremendamente singular y novedoso del paradigma biopolítico de la producción estaría dado por el hecho de que en él, el rol ordenador de recursos que tradicionalmente cumplía el capital estaría cambiando radicalmente, más aún, deviniendo en obsoleto. Me refiero al rol del capitalista que no solo ponía a disposición la fábrica, las maquinarias, en una palabra los recursos o medios de producción, sino también ordenaba y dirigía la producción. Dicho rol estaría dando paso –a decir de Negri y Hardt– a un circuito de producción en donde, debido a la preponderancia del trabajo cognitivo, esto es, al papel central de los afectos, el conocimientos, los intangibles en la producción de bienes y servicios, el capital no solo estaría perdiendo su capacidad controladora del trabajo (cognitivo), sino que además el trabajo mismo estaría encontrando en dicho control capitalista uno de sus obstáculos centrales para el aumento de su productividad. ¿Cómo se puede controlar el afecto, el conocimiento, la intangibilidad creciente que caracterizaría, más aún, que constituiría el trabajo en el sistema de producción global? Solo limitando brutalmente la productividad de dicho trabajo, responderán Negri y Hardt, esto es, fijando patentes, controles artificiales de canalización de afectos, etcétera. Dichos controles se dirigen a coartar y colonizar el medio de expresión de dicho trabajo, que no es por cierto el circuito de producción industrial tradicional como antaño, esto es, la fábrica, ni tampoco el circuito flexibilizado y subcontratado global del capitalismo post-fordista, sino crecientemente lo que Negri y Hardt llaman *lo común*, que tiene como campo de operación central a la metrópolis, no a la industria (Negri y Hardt 2009: 153-156).

Lo común no es solo el aire que respiramos o las aguas de altamar como ha entendido hasta ahora el derecho internacional, sino también y de sobremanera todos los circuitos reales y virtuales en donde se produce el trabajo inmaterial, el que a su vez *produce y reproduce* lo común (Negri y Hardt 2009: 120-125).

Piénsese en el caso de una universidad privada. El conocimiento en ella no lo generan los profesores exclusivamente, aunque ellos creen que si, ni menos sus autoridades, sino un conjunto de singularidades, que incluyen a los estudiantes, profesores, asistentes a conferencias, que en sus encuentros producen y gestan ideas que luego son puestas en marcha por muchos, y que se alojan en el ámbito de lo común que caracteriza al conocimiento, esto es, textos, grabaciones, redes y páginas virtuales, comentarios, preguntas, interpelaciones, e impugnaciones. Así se gesta y reproduce lo común. Ahora bien, en dicha producción pareciese que no se requiere en verdad ningún capital ordenador y cada día menos medios *privados* de producción. Más aún, cualquier ordenación, que ciertamente se intentará, no hay que ser ingenuo en esto (ej.: una publicación indexada, un libro editado), lo que buscará es apropiarse de un conocimiento que en tal sentido es de todos (apropiación por desposesión le llama David Harvey (2010: 48-49), otro autor que reflexiona en torno a estos fenómenos); ponerle valor y venderlo en el mercado, limitando así su productividad que en la medida que se mantenga común, y no privatizada, incrementaría su potencialidad. Es la privatización o corrupción cotidiana de lo común efectuada por el capital, cuyo rol crecientemente se limita solo a ello, esto es, a la expropiación, en el circuito productivo; lo que limita las potencialidades del trabajo cognitivo (Negri y Hardt 2009: 159-164).

A propósito, paradojalmente, y siguiendo a Negri y Hardt, las organizaciones sindicales encontrarían aquí un buen argumento en el debate de la flexibilidad laboral que las acorrala. Frente a la impugnación formulada por el sector empresarial de que necesitaríamos más flexibilidad para aumentar la productividad (lo que efectivamente como muestran diversos estudios es la falencia y obstáculo central para aumentar el crecimiento en Latinoamérica y en menor medida en Chile) la respuesta del movimiento sindical debería ser ofensiva: ¡sí, efectivamente necesitamos más flexibilidad, pero del capital no del trabajo! En efecto, pues es el capital el que crecientemente ha reducido su rol en el sistema productivo a ser un severo controlador de las potencialidades creativas de un trabajo cognitivo autónomo que iría en aumento.

Lo que quiero reafirmar, para finalizar, es la alta pertinencia que los trabajos de Negri y Hardt tienen para orientar una nueva mirada crítica que busque centrarse en los procesos de transformación que los circuitos de producción capitalista estarían experimentado en Chile, Bolivia y el mundo. El capitalismo es mutable, y ciertamente no tiene asegurado su durabilidad, afirmar lo contrario sería pura ideología. Más aún, lo que Negri y Hardt develan en sus análisis es la centralidad cada vez mayor de nuevos espacios de producción de subjetividades del factor trabajo autónomo, las que hace tiempo han abandonado el modelo de la fábrica, al menos masiva, eso lo sabemos, y se habrían comenzado a asentar en circuitos mucho más porosos pero integrados de producción, que alcanzan la vida misma de los sujetos, sus espacios vitales, sus lugares de esparcimiento: ¿o no es ello lo que vemos que ocurre con la creciente incapacidad de la jornada ordinaria de trabajo para capturar el verdadero tiempo productivo que se extiende mucho más allá de las ocho horas diarias? ¿O mejor aún, para no medir y dejar sin remunerar todo el trabajo realizado en casa, en los parques, en el *happy hour*, o en una versión menos glamorosa, en los sistemas de transportes públicos?

En el Chile actual y también en Bolivia, ello se revela en la tendencia creciente a la asalarización más o menos formal que experimenta la fuerza de trabajo, lo que no es sinónimo, sin embargo, de constitución de conglomerados obreros. Muy por el contrario, ello nos habla, más bien, de una tendencia en donde el trabajo se incorpora a regímenes flexibles de producción, en donde junto con el trabajo burocrático y repetitivo, comienzan a aparecer los trabajos intangibles, aquéllos a los que todavía nos cuesta asumir seriamente como trabajo, porque no se ven, y por tanto, son tremendamente susceptibles a la explotación no reconocida.

El trabajo desplegado en la metrópolis, y ya no en "la fábrica o la oficina", como solía decirse, es el trabajo de la multitud, sometida como vimos a un paradigma que busca controlarla, aunque no disciplinarla porque no es productivo. Más aún, un paradigma que demanda cada día cuotas más altas de creatividad y autonomía de parte de la multitud productiva, para solo una vez generadas, ser entonces expropiada por desposesión por el capital (Harvey 2010: 48).

Se trataría, sin embargo, también de una multitud que en tal sentido pareciera tener en sus propias manos, como Negri y Hardt creen a pie juntillas, las llaves para declarar la obsolescencia del capital e inaugurar una nueva era de producción sin capital. ¿Será ello posible?, no podemos responder eso acá. Al menos, García Linera ha dicho al respecto en Bolivia, seguramente movido por el realismo que da la política real, que de ser tal la obsolescencia anunciada del capitalismo, se trataría de una transición larga, de al menos ochenta años. Lo que sí podemos decir es que las intuiciones de Negri y Hardt, y la reflexión de García Linera respecto a la organización política de un sujeto múltiple, singular y no dispuesto a ceder tal singularidad, nos invitan a considerar una categoría, la multitud, que permitiría comenzar a teorizar sobre una cuestión que los filósofos y teóricos políticos parecen cada vez más renuentes de pensar, a saber: las condiciones de posibilidad de la politización (emancipadoras, podríamos agregar) de sociedades múltiples y complejas, tanto en su base objetiva de producción, como en la constitución de las subjetividades e identidades políticas que la componen –sociedades, en otras palabras, como las que habitamos–.

VII. En pos de lo político: *Del hombre uni-dimensional en Marcuse a la multitud en Negri*

En este último capítulo se buscará explorar la línea de continuidad que existiría entre las tesis centrales de dos autores contemporáneos, Herbert Marcuse y Antonio Negri, que han pensado la relación entre masa, individuo y lo político, siempre de cara a las transformaciones del capitalismo contemporáneo. Más allá de las diferencias evidentes de sus trabajos, resulta interesante observar el esfuerzo que ellos comparten por puntualizar la *diferencia específica* de la dominación capitalista (*sociedad unidimensional*, en un caso, *Imperio*, en otro) y de los *nuevos* actores emancipatorios que de ella emergerían. Dos autores que debido a su esfuerzo por pensar desde lo que dicta lo concreto, han compartido además el rechazo de las ortodoxias marxistas de las que se separan. Más importante aún, han devenido en intérpretes lúcidos –reconocidos o no– tanto de las nuevas movilizaciones sociales que azotaron el mundo occidental en la década del sesenta del siglo pasado, que habitó Marcuse, como las que irrumpen hoy, en el presente de Negri. Quizás por ello convenga preguntarse, como lo haremos al final de este capítulo, si ¿no son las movilizaciones por la educación pública del Chile actual un caso donde para descifrar sus claves, valga la pena resucitar un poco a Marcuse y auxiliarse en seguida en Negri?

Para empezar con Marcuse, una primera complejidad está dada por la propia popularidad del autor. Todo el mundo parece conocerlo, o al menos haber oído hablar de él; particularmente, me refiero, a todo el mundo perteneciente a una generación icónica como aquella que se expresó política y culturalmente en la década del sesenta del siglo pasado en Europa, Estados Unidos y el mundo occidental. Jean-Michel Palmier lo comparó con el "genio tumultuoso de Marx" (Palmier 1968: 9). Jürgen Habermas lo denominó "maestro honrado de la nueva izquierda" (Habermas 1990: 220-221). A su vez, "en las paredes de la Sorbona ocupada en mayo de 1968 –nos informa Alain Blanc–, podían leerse habitualmente tres nombres "Marx, Mao, Marcuse". Más enfáticos los estudiantes italianos crearon el eslogan "Marx es Dios, Marcuse su profeta y Mao su espada" (Blanc 2006: 132). Sin embargo, como en éste y muchos otros casos, dicho conocimiento estuvo, o casi siempre a nivel de opinión, incluso de eslogan, o al nivel de consideraciones que se tienden ahora a *forcluir* por pudor, pues aparecen revestidas de un hálito radicalmente contestatario, utópico o sexualmente libertario, demasiado vitalistas (incluso cuando están revestidas de pesimismo) para un época como la actual, empapada de pragmatismo y consensualismo, y todavía bastante conservadurismo.

Más aún, leer o releer –depende del caso– a Marcuse hoy día obliga a gesticular irónicamente, a pesar de que muchas veces dicha ironía resulta forzada, por nosotros mismo, por nuestras introspecciones –un término que popularizo Marcuse en sus obras sobre psicoanálisis–. Es que es paradójico, pero a Marcuse no se le puede leer hoy *en serio*, sin esbozar una sonrisa. Sin una distancia jocosa. En otras palabras, sin la debida protección en contra de un cierto candor que emana de sus textos. Más aún, pareciese que el nombre propio *Marcuse* no puede hoy pronunciarse sin apellidos: intelectualismo de izquierda, utopismo romántico, libertarismo pequeño burgués, pesimismo inmovilizante. Así, ni su lectura de Hegel en *Razón y Revolución* 2010b [1941], ni la de Freud en *Eros y Civilización* (1965) [1955], ni siquiera su apego a Marx en su lectura de la sociedad del capitalismo industrial avanzado descrita en *Un Hombre Unidimensional* (1964), aparecen hoy directamente reivindicables como obras serias. Para qué decir de sus conferencias y discusiones políticas recopiladas en *El Final de la Utopía* (1968b). Quizás solo su estudio sobre *El Marxismo Soviético* (1971) [1958] despierta aún un leve asentimiento arqueológico del *status quo* como gustaba referir Marcuse. Y, sus textos finales recopilados hoy en *La Dimensión Estética* (2007) [1978], permanecen la mayor parte totalmente ignorados, a pesar de que se entroncan con una cierta corriente de deconstrucción que le seguiría. Pero, conviene reflexionar, ¿por qué sus obras no resultan hoy reivindicable?, o quizás la pregunta sea más bien, ¿por quién no resultan reivindicables? Es aquí, afirmamos, donde su popularidad deviene en su condena. Marcuse sin quererlo se ha convertido en un autor que ha perecido con su época. No es un clásico que nadie lee, peor aún, es un ícono, un artefacto abandonado, en desuso, porque toda esa época ha caído en desuso. A diferencia de Marx que aún se repite normalizado en círculos académicos, a Marcuse ya no se le nombra pues es como recordar las locuras de juventud. Es recordar la petición de Daniel Cohn-Bendit al ministro francés de asuntos juveniles de "que se supriman en las casas de estudiantes las restricciones que dificultan los contactos sexuales" (Wiatr 1970: 118). Da pudor (cuesta imaginar a nuestros líderes estudiantiles, todo ellos muy circunspectos, ¡haciendo tal petición!). Así, sus obras no resultan reivindicables, decimos acá, principalmente por los consumidores de teoría, aquellos que lo leyeron poco entonces y lo siguen haciendo hoy, y que ya hace tiempo se desplazaron hacia otras modas.

Una segunda complejidad, sin embargo, presente en la obra de Marcuse y que pudiera también ayudar a explicar su obsolescencia, es una dificultad epistémica, digámoslo así, que recubre cada una de sus tesis. En efecto, Marcuse es un autor de gran narrativa. Un autor que acuña sin aspavientos contradicciones hoy en desuso tales como "la verdadera y la falsa conciencia". Un autor en definitiva que tiene que justificar desde el comienzo sistémicamente todo lo que escribe. En un tiempo de escritura fragmentaria, de relatos truncos, y de *performances* intelectuales, leer a Marcuse es leer atrevimiento, a veces osadía. Es por eso que después de la ironía, en la re-lectura de Marcuse, aparece pronto el respeto y el reconocimiento a algo que hoy hacen pocos: la Gran Teoría; formulada con maestría honrada, como aludía antes Habermas.

Pero Marcuse, en verdad, en esto no hace más que compartir el *ethos* de una tradición a la que pertenece y de la cual es tributario. En efecto, los escritos de Herbert Marcuse participan, a decir de Axel Honneth (2004: 337-338), de la arquitectura central del proyecto de la Teoría Crítica, desde Horkheimer a Habermas. Desde luego, comparte la creencia en la existencia de una forma de racionalidad reflexiva que se supone incorporada en el propio proceso histórico. Un legado intelectual europeo que, como lo indica Honneth, desde Hegel a Freud ha insistido en ver la historia como el despliegue de una razón intrínseca. Pero, Marcuse comparte algo más con sus camaradas de letras de la escuela de Frankfurt, a saber: la idea de que las relaciones sociales distorsionan el proceso histórico de desarrollo en una forma que solo se puede remediar *prácticamente*; esto es, la idea de una racionalidad socialmente deficiente, lo que alude directamente a la noción de patología social. Una patología que encontraría siempre como dice Honneth al "capitalismo […] –y esto, me parece a mí, es la intuición más lúcida de todo el proyecto de la teoría crítica– como la causa de tal deformación (de la racionalidad social)" (Honneth 2004: 337-338). Y finalmente, Marcuse participa igualmente –aunque este componente probablemente es de mayor radicalidad política en él que en el resto de los integrantes de la Teoría Crítica, desde luego más radical que Habermas– de una propuesta que conecta la teoría y la práctica política transformadora, esta última observada como la meta para superar los sufrimientos sociales causados por la racionalidad deficiente.

Ahora bien, para observar esta dificultad epistemológica a la que me refería, operando específicamente en la obra de Marcuse, es preciso recrear una de sus tesis más conocida, la que aparece desplegada en su libro *Eros y Civilización*, publicado en 1955 en los esténtores del "macartismo" en Estados Unidos –esa casa de brujas anticomunista que azotó el *establishment* norteamericano al inicio de la guerra fría, impulsada por el senador de Wisconsin Joseph Raymond McCarthy–. El contexto histórico de represión no es anecdótico, puesto que Marcuse va iniciar su tratado sobre Freud recordando que para éste: "la historia del hombre es la historia –precisamente– de la represión" (Marcuse 1965: 25). Pero, ¿una represión de qué? Principalmente –responderá Marcuse en lectura cercana de Freud– de la estructura instintiva del ser humano: el comer, el vivir, el reproducirse (digámoslo así, dejando a un lado por un momento las complejidades y jerarquías de estos instintos). Sin embargo –recordará Marcuse–, para Freud esta represión lejos de ser detestable es en verdad "la precondición inicial para el progreso" (Marcuse 1965: 25). La lectura freudiana propuesta por Marcuse es la siguiente: "Dejados en libertad para perseguir sus objetivos naturales, los instintos básicos del hombre serían incompatibles con toda asociación y preservación duradera: destruirían inclusive lo que los une" (Marcuse 1965: 25). De allí que en esta interpretación que Marcuse hace de Freud, la represión aparece absolutamente imbricada con el surgimiento de la civilización. Es la otra cara de la cultura. Más aún, para que el hombre logre perdurar, para que salga del salvajismo, para que abandone la naturaleza y devenga en humanidad, no solo es deseable si no imprescindible la represión de su estructura instintiva. Una represión que Freud documentara prolijamente en sus mecanismos y operaciones a lo largo de toda su obra y que Marcuse ahora recoge en lo que él observa es el hilo central de la teoría psicoanalítica, a saber: la represión del principio de placer por parte del principio de realidad. Conviene en esto escuchar a Marcuse:

> "La sustitución del principio de placer por el principio de la realidad es el gran suceso traumático en el desarrollo del hombre –en el desarrollo del género (filogénesis) tanto como en el individuo (ontogénesis)–. De acuerdo con Freud, este suceso no es único, sino que se repite a través de la historia de la humanidad y en cada individuo. Filogenéticamente, ocurrió primero en la horda original, cuando el padre original monopolizaba el poder y el placer y obligaba a la renunciación a los hijos. Ontogénicamente, ocurre durante el período de la primera infancia, cuando la sumisión al principio de la realidad es impuesta por los padres y educadores. Pero, tanto en el nivel genérico como en el individual, la sumisión se reproduce continuamente. El mando del padre original es seguido, después de la primera rebelión, por el mando de los hijos, y el clan de hermanos se desarrolla como dominación social y política institucionalizada. El principio de la realidad se materializa en un sistema de instituciones. Y el individuo, creciendo dentro de tal sistema, aprende los requerimientos del principio de la realidad como los de la ley y el orden, y los transmite a la siguiente generación" (Marcuse 1965: 28).

Es interesante en esto releer a Marcuse, porque al referirse al nivel filogénico, esto es, el del surgimiento de la civilización, recrea una antropología freudiana (la de la horda original del padre, de su asesinato por sus hijos celosos de sus placeres y la introspección de la represión institucional por parte de los hermanos del clan) que a pesar de ser muy polémica ya en los tiempos en que Freud la formuló en *Moisés y la religión monoteísta* (2013) [1922], Marcuse parece aceptar sin mayores cuestionamientos. A su vez, la imposición del principio de realidad a nivel del individuo, aparece también para Marcuse como poco problemática. Acepta sin problemas la triple estructura mental de los individuos propuesta por Freud, a saber el Inconsciente (*id*), la más antigua y amplia base de dicha estructura mental, de la que Freud (1934 :105) ha dicho: "no conoce valores, ni el bien y el mal, ni tiene moral", ni tampoco en lo referente al *Ego*, la parte del inconsciente que deviene en mediador entre el inconsciente y el mundo exterior, así como tampoco tiene reparos con el *Super-Ego*, que Marcuse caracteriza como "el poderoso representante de la moral establecida" y "lo que la gente llama las cosas 'más importantes' en la vida humana" (Marcuse 1965: 43).

Lo que quiero apuntar es que a Marcuse, en verdad, no le ha interesado construir una nueva teoría antropológica ni menos aún psicoanalítica de la formación del individuo, sino modificar y suplementar dichas teorías freudianas para hacerlas compatible con su proyecto de emancipación social, que era la manera como él entendía la labor de la teoría crítica.

Así, Marcuse centrará su crítica en el carácter trascendente que presentaría la represión en la teoría de Freud, y a la que él se opone, precisamente para de esa forma permitir la posibilidad de la emancipación. En efecto, para Freud la represión de la estructura de los instintos no solo es necesaria para el surgimiento, como hemos dicho, de la civilización y la formación del individuo, sino además emana de la lógica permanente de sobrevivencia del ser humano, y por tanto, es a-histórica. Marcuse, por el contrario, sostendrá que la represión de los instintos aunque necesaria no es nunca a-histórica. Más aún, se encuentra totalmente imbricada con las condiciones de producción material de la vida de los individuos. Si ello es así, si es legítimo –como Marcuse parece creerlo– historizar el psicoanálisis freudiano, ello haría entonces posible distinguir entre una represión necesaria, aquella requerida para la sobrevivencia del ser humano y para evitar su destrucción mutua, de otra "represión excesiva" –como la apellida famosamente Marcuse– que es aquella que se produce no como consecuencia de una necesidad permanente de sobrevivencia si no por un arreglo contingente de dominación, el que debe asumirse como perfectamente transformable; más aún, que la teoría debe reconocer como el principal norte de su crítica transformadora. Vale la pena notar que el razonamiento marcusiano no es por tanto técnico, en este caso, de una técnica psicoanalítica, que se esmeraría en mostrar la implausibilidad de la a-historicidad de la represión propuesta por Freud. Su punto, por el contrario, al analizar categorías psicoanalíticas es totalmente político. El propio Marcuse lo deja claro en el prólogo de una reedición de 1961 de *Eros y Civilización*, cuando afirma:

> "Subrayé desde el principio de mi libro que en el período contemporáneo, las categorías psicológicas han llegado a ser categorías políticas hasta el grado en que la psique privada, individual, llega a ser el receptáculo más o menos voluntario de las aspiraciones, sentimientos, impulsos y satisfacciones socialmente deseables y necesarios" (Marcuse 1965: 10).

Si la psique privada es un receptáculo de aspiraciones, sentimientos, impulsos y satisfacciones socialmente deseables y necesarias, es entonces también un espacio de disputa por parte de una crítica ilustradora. Pero, es aquí precisamente que el problema epistemológico se revela en toda su magnitud. La disputa de las psiques privadas se debe hacer desde una posición de verdad universal solo conocida por el crítico, y a la que los individuos no acceden en primera instancia, pues carecen de la libertad requerida para aquello. Tomemos a Marcuse nuevamente en una cita de un texto posterior, al que pronto volveré: *el Hombre Unidimensional*, para ilustrar de mejor forma este punto:

> "En última instancia, la pregunta sobre cuáles son las necesidades verdaderas o falsas solo puede ser resuelta por los mismos individuos, pero solo en última instancia; esto es, siempre y cuando tengan la libertad para dar su propia solución. Mientras se los mantenga en la incapacidad de ser autónomos, mientras sean adoctrinados y manipulados (hasta en sus mismos instintos) su respuesta a esta pregunta no puede considerarse propia de ellos" (Marcuse 1964: 6).

La pretensión de Marcuse en esto es mayor. Supone, como he sugerido, reclamar para el crítico una posición de confianza en el acceso a la verdad que solo una época de optimismo revolucionario como la de los sesenta parecía permitirse sin titubeos. Ya lo ha dicho sin retórica André Gorz (1970) en un escrito sobre Marcuse: "¿Pero quién es él para saber qué es lo que la gente verdaderamente necesita si ella misma no lo sabe?" –y agrega– "La respuesta es clara: él es un filósofo, una persona que –a causa de las circunstancias específicas de su vida, de su educación y de su investigación– ha adquirido la capacidad de expresar lo que los mistificados, manipulados y oprimidos individuos pueden solamente intuir" (Gorz 1970: 100).

Sabemos, sin embargo, que la crítica posestructuralista y la liberal que le siguió, y que en esto aparecen como siamesas, como lo demuestra el caso paradigmático de Richard Rorty, ha sido implacable con dicha pretensión, condenando a Marcuse y su filosofía de la Verdad al baúl del desuso. Por lo demás cabe interrogarse: ¿quién, qué filósofo podría permitirse hoy en día dicha atribución? Muchos, habría que observar inmediatamente, pero probable no de manera tan abierta y explícita como lo hace Marcuse. Sin embargo, la queja también podría presentarse desde el lado de los individuos, ¿es tan cierto que los mistificados, manipulados y oprimidos individuos solo pueden intuir lo que verdaderamente necesitan? O es más bien que, como lo ha dicho Slavoj Žižek, parafraseando un libro de Peter Sloterdijk, *Crítica de la Razón Cínica* (1989), hace rato que los individuos saben bien lo que hacen y desean, el problema es que siguen haciéndolo.

Es esta segunda entrada, me parece a mí, la que le otorga una nueva actualidad a la pretensión ilustrada de Marcuse. No tanto porque él en cuanto filósofo pudiera saber algo que los individuos mistificados y oprimidos no logran saber. Sino porque el adoctrinamiento y manipulación (hasta en sus mismos instintos) a la que aludía Marcuse en sus textos de los sesenta pudiera ser distinta hoy en día, pero no por ello menos mistificadora, manipulativa u opresiva. Una alternativa opaca, menos entusiasta ciertamente que las tesis optimistas ancladas en la confianza de la razón comunicativa o razón pública que se imponen en nuestro auditorios académicos, y que una relectura de los análisis de Marcuse provocaría, casi como una vendetta emanada directamente desde el baúl mohoso a la que quedaron relegadas sus obras –y que uno por cierto agradecería–. Para ver este punto tenemos que reconducirnos a ese otro gran texto que diera fama a Marcuse, *El Hombre Unidimensional*.

La tesis del libro es simple y el propio Marcuse a menudo la resumía de la siguiente forma:

> "He analizado en este libro algunas tendencias del capitalismo americano que conducen a una "sociedad cerrada", cerrada porque disciplina e integra todas las dimensiones de la existencia, privada o pública. Dos resultados de esta sociedad son de particular importancia: la asimilación de las fuerzas y de los intereses de oposición en un sistema al que se oponían en las etapas anteriores del capitalismo, y la administración y la movilización metódica de los instintos humanos, lo que hace así socialmente manejables y utilizables a elementos explosivos y "anti-sociales" del inconsciente" (Marcuse 2010a: 21).

Lo primero que conviene dejar establecido es que en *El Hombre Unidimensional*, Marcuse recoge y aplica con maestría otra de las herencias de la escuela de Frankfurt que también Honneth, en el artículo antes citado recordaría, a saber: su inclinación por los análisis teórico-sociológicos. Cabe precisar inmediatamente, sin embargo, que lo que Marcuse quiere explorar en este texto no es una problemática meramente descriptiva, tan propia de la sociológica positivista y descriptivista que reinaba en América en esos años, y en parte lo sigue haciendo. Un paradigma –el positivismo– al que Marcuse le dedicará varias páginas de crítica feroz en su texto. No, la pregunta de investigación de Marcuse es ya desde el inicio una pregunta emancipadora, lo que muestra cómo en él la técnica siempre está en auxilio de la política: ¿qué hace que una sociedad que ha alcanzado niveles superiores de satisfacciones de necesidades básicas, una sociedad de la opulencia como más tarde la llamará, mantenga sin embargo clausurada las posibilidades de transformación revolucionaria en pos de un sociedad más libre, esto es, liberada de los niveles de represión excesiva que le caracterizan?

La pregunta, me parece a mí, no es poco atrevida, pues está formulada directa y sin aspavientos en contra de uno de los modelos probablemente más avanzados económica y sociablemente de producción capitalista que haya conocido la historia económica y social del mundo: el capitalismo fordista de organización taylorista y de estado social de bienestar. Un tipo de capitalismo, que para lo que conoció el mundo después de que

Marcuse falleciera (1979), me refiero al neoliberalismo, aparece como el paraíso en la tierra. El atrevimiento de Marcuse es algo, sin embargo, de lo que tenemos que aprender positivamente, pues muestra la inconformidad del crítico que es capaz de sacudirse de las tendencias de complacencia que circulan en la sociedad que habita y mirar más allá. ¿Y cuál es este mirar más allá que despliega Marcuse? Bueno, es un mirar que va a sospechar precisamente de la opulencia, o si se prefiere de la complacencia que genera una sociedad de opulencia: la llamada sociedad industrial avanzada. ¿No será que en el advenimiento del capitalismo industrial avanzado se anide una forma más profunda, más sofisticada de dominación?, se interrogará Marcuse. En esto, en verdad, comparte una intuición que ya el propio Sartre había formulado en su *Crítica de la Razón Dialéctica* (1960) y que Marcuse reproduce en su libro, y que debido a su exquisita elocuencia me permito citar:

> "En los primeros tiempos de las máquinas semi-automáticas, las encuestas mostraron que las obreras especializadas, al trabajar, se dejaban ir en un ensueño de orden sexual, recordaban la alcoba, la cama, la noche, todo lo que se refiere a la persona en la soledad de la pareja cerrada sobre sí misma. Pero, era la máquina en ellas la que soñaba con caricias [...]" (Sartre 1960: 290).

Sartre alude con ello a una observación recurrente entre los críticos sociales de entonces que veían en la automatización de la economía capitalista un dios Jano. Una de sus caras permitiría, como de hecho ocurría en América de esos años, disminuir cuantitativamente el trabajo físico y aumentar correlativamente el tiempo libre. Pero, al mismo tiempo, su otra cara imbuía a los operarios de las máquinas reemplazantes en un nuevo ciclo "automático" de producción que parecía fundirlos en el proceso de producción marcado por una satisfacción inercial apabullante. Marcuse cita a Charles R. Walker para ilustrar este punto:

> "Se está generalmente de acuerdo en que los movimientos interdependientes realizados por un grupo de personas que siguen un sistema rítmico producen satisfacción, independiente de lo que está siendo realizado mediante los movimientos" (Marcuse 2010a: 63).

Para Marcuse, sin embargo, las dos caras del dios Jano son en verdad una sola. La sociedad industrial avanzada ha dado lugar a una sociedad unidimensional, productora de un nuevo tipo de ideología que es necesario develar. Así Marcuse, parafraseando una tesis que el propio Adorno había formulado en *La Crítica de la Cultura y Sociedad* (1955. 24), ha señalado que:

> "Esta absorción de la ideología en la realidad no significa, sin embargo, el "fin de la ideología". Por el contrario, la cultura industrial avanzada es, en un sentido específico, más ideológica que su predecesora, en tanto que la ideología se encuentra hoy en el propio proceso de producción" (Marcuse 2010a: 4).[41]

Lo singular de esta ideología no estará dado, por tanto, por su carácter negativo, un rasgo que ya había sido identificado por Marx (Larraín 1983: 43), si no por ser concebida como un sistema de creencias fusionadas de una forma indiferenciada con la lógica central del sistema capitalista, de tal manera que pareciese que no existiese ninguna ideología en juego sino pura tecnología. Se trata como lo ha dicho Terry Eagleton de una ideología totalitaria, a pesar de producirse en sociedades democrática-liberales occidentales. En efecto, dice Eagleton:

> "ideología, en suma, es [para Marcuse] un sistema 'totalitario' que maneja y procesa todos los conflictos sociales de nuestra existencia. No es solamente que esta tesis pudiese devenir en algo que sorprende a los que gobiernan el sistema occidental. Sino que también constituye una parodia de la propia noción de ideología" (Eagleton 1991: 27).

Para entender más a fondo esta idea, conviene retomar el punto de partida de Marcuse. En su lectura, lo primero es constatar que las fuerzas de oposición, como él les llama, esto es, aquellas que en la predicción de Marx formulada para un capitalismo semi-industrial como el existente en Europa del siglo XIX eran llamadas a transformar el capitalismo por dentro, a saber el proletariado, aparecen ahora totalmente integradas

---

[41] Para un análisis de la concepción de tecnología en Marcuse y Habermas véase Feenberg (1996). Para una crítica mayor de la tecnocracia como un intento (fallido) de inmunización histórica de la razón, véase Mayol (2003).

y apaciguadas. Lejos de encontrarnos *ad-portas* de una sublevación proletaria, nos encontramos inmersos –sigue Marcuse– en una letanía de consumo que se ha extendido apabullantemente a las clases trabajadoras, las que no solo parecen cada día más integradas si no que sus reivindicaciones son ahora aliadas estratégicas de las demandas de los empresarios. Permítanme, para ilustrar este punto, citar un reporte sobre el mundo sindical publicado por el *Centro para el Estudio de la Instituciones Democráticas* en 1963, que el propio Marcuse cita en su libro para dar cuenta del espíritu de su época:

> "Lo que ha pasado es que el Sindicato ha llegado a ser casi indistinguible *ante sí mismo* de la empresa. Hoy vemos el fenómeno de sindicatos y empresas formando juntos grupos de presión. El sindicato no va a ser capaz de convencer a los obreros que trabajan en la construcción de proyectiles de que la compañía para la que trabajan es una empresa nociva, en tanto el sindicatos como la fábrica están tratando de conseguir contratos mayores y de incorporar a la misma área otras industrias de defensa, o cuando aparecen unidos ante el Congreso y unidos piden que se construyan proyectiles en vez de bombarderos, o bombas en vez de proyectiles, según el contrato que están buscando"(Marcuse 2010a: 58).

Lejos, por tanto, de una insurrección de la fuerzas de oposición, esto es, de los trabajadores, nos encontramos en una situación de total integración. Integración que Marcuse precisará encuentra sus bases en la formulación de una condición de uni-dimensionalidad, esto es, una fusión indistinguible entre economía y sociedad, entre necesidades individuales y producción colectiva, entre bienestar y crecimiento económico, entre consumo y producción, entre, finalmente, libertad y sumisión. Se trata por tanto no solo de una ideología que opera a nivel de "falsa conciencia" como a menudo se le achaca a Marcuse, sino cuya fuerza central está presente en la constitución de subjetividades, la del trabajador-consumidor, por parte de una sociedad capitalista industrial y tecnológicamente avanzada, que tal como la conoció Marcuse ya no se ha conocido más.

¿Exageraba, por tanto, Marcuse al caracterizar la sociedad industrial avanzada americana como integrada y subyugada al mismo tiempo, como repleta de libertades destinadas solo a mantener las "represiones excesivas"?

Probablemente. Aunque, para ser riguroso con el análisis de Marcuse, conviene precisar que éste establecía siempre algunas prevenciones que sitúan su formulación, y lo salvan de los epítetos que en cuanto teoría general, desarraigada de un análisis concreto, a menudo ha recibido, por extrema, exagerada o simplemente desprolija.

En primer lugar, Marcuse siempre aclaró que en su descripción de la sociedad unidimensional americana se refería a *tendencias* –y remarco este término– que se daban al interior de la sociedad de capitalismo industrial avanzado: "me limito a esbozar estas tendencias y a ofrecer algunas hipótesis, nada más" dice Marcuse (2010a: 38) al final de la introducción de *El Hombre Uni-Dimensional*.

Más importante aún, Marcuse siempre afirmó que dichas tendencias a la integración, no excluían, más aún, requerían la existencia de un exterior salvaje. Cito a Marcuse:

> "Mi análisis está centrado en tendencias que se dan en las sociedades contemporáneas más altamente desarrolladas. Hay amplias zonas dentro y fuera de estas sociedades en las que las tendencias descritas no prevalecen, o mejor, no prevalecen todavía" (Marcuse 2010a: 38).

Marcuse con ello se refería en primer lugar a zonas geográficamente exteriores a dicho tipo de sociedad capitalista, en donde las descripciones eran más bien las opuestas, esto es, sociedades desintegradas, altamente explotadas y socialmente explosivas. Son las sociedades que en el tiempo que Marcuse escribía peleaban por su descolonización en África, Asia e incluso América Latina y a las que Marcuse le reservaría un papel en los proceso de liberación mundial. Pero, también Marcuse se refería a zonas excluidas *dentro* de las propias sociedades altamente desarrolladas. Esto es, la ideología de integración y apaciguamiento a la que él aludía y que afectaba a la clase trabajadora, no operaba de la misma forma en aquellos sectores marginales existentes en la propia sociedad industrial avanzada. Cito a Marcuse en esto:

> "Sin embargo, bajo la base popular conservadora se encuentra el sustrato de los proscritos y los "extraños", los explotados y los perseguidos de otras

razas y de otros colores, los parados y los que no pueden ser empleados" (Marcuse 2010a: 254-255).

Pero, no son solo los "infra-privilegiados", como les llama Marcuse (1968b: 55) en otro texto, los que constituyen las zonas interiores excluidas si no también los *privilegiados*, esto es, los intelectuales, entre los que Marcuse incluye a los estudiantes, que presentan una oposición "a toda la llamada *way of life* de este sistema, una oposición contra la omnipresente presión del sistema, que con su productividad represiva y destructiva lo degrada todo a la condición de mercancía de un modo más inhumano cada vez" (Marcuse 1968b: 57).

Este punto es importante, puesto que hilvana a Marcuse con una avenida teórica-investigativa que lo supera, pero al mismo tiempo lo proyecta originalmente en una reflexión apabullantemente ausente en la teoría social contemporánea y que es a la que me referiré a continuación, a saber: el problema de la dominación y de la política emnacipatoria en el contexto del capitalismo actual.

Antonio Negri, lo político y la mistificación del capitalismo contemporáneo

Volvamos ahora a aquella problemática que anunciamos y dejamos antes pendiente, a saber: el hecho de que la visión marcusiana de los individuos mistificados e ideológicamente engañados por una sociedad capitalista de la opulencia haya caído en desuso, no implicaría, sin embargo, necesariamente asumir un rechazo a todo alegato de mistificación generado por el capitalismo actual. Para mostrar operando dicha tesis, resultará útil traer a colación otro autor contemporáneo como Antonio Negri, el que aparecerá en esto hermanado con el espíritu crítico profesado por Marcuse.

El punto de unión que quiero proponer aquí se ubica al nivel de la transformación de la organización productiva del capitalismo contemporáneo, y en particular del factor trabajo dentro de ella. En efecto, como he dicho, el análisis de Marcuse está referido a un tipo de capitalismo que ya no existe más. Desde 1973 en adelante como lo han documentado diversos autores, Antonio Negri y Manuel Castells entre ellos, las sociedades capitalistas han experimentado una triple transformación. Han pasado de una producción en masa keynesianista centrada en el estado nación, a una producción subcontratada, neoliberal y globalizada. Por otra parte, el modelo de organización de la producción taylorista que suponía altos niveles de integración de una fuerza de trabajo organizada y aglutinada en núcleos industriales, ha dado paso a una red de trabajo flexible en donde los núcleos industriales han prácticamente desaparecidos. Finalmente, la automatización a la que se refería Marcuse en sus textos, ha dado lugar a una informatización que ha elevado al conocimiento como el principal factor productivo, lo que ha gatillado a su vez una demanda creciente por trabajo intelectual especializado, creativo y sofisticado.

En otras palabras, el capitalismo fordista, de bienestar y automatizado se ha transformado en un capitalismo post-fordista, privatizado, flexibilizado e informatizado. ¿Por qué es relevante considerar este cambio cualitativo? Porque los análisis de Marcuse son fruto de un escenario que, como ya he repetido, ha variado sustancialmente. De allí que sus tesis convendría ahora desplegarlas de cara a un nuevo contexto de capitalismo globalizado. No solo su tesis referida a la domesticación de la clase trabajadora antes revisada, sino también la que apunta a las alternativas de organización política de emancipación en un contexto de capitalismo industrial avanzado, que Marcuse ubicaba no en las fuerzas existentes al interior de las sociedades de capitalismo avanzado, sino en las existentes al exterior a ellas, como hemos visto. Esto es, no en los trabajadores, demasiado satisfechos e integrados en una falsa conciencia a la sociedad de la opulencia, sino en los extraños, en los parias y excluidos de dicha sociedad, esto es, en los infra-privilegiados, pero también importantemente en los privilegiados. Dichas tesis, digo, deben ahora analizarse en su mérito contextual y cotejarse en paralelo con la otra tesis que también desde un análisis concreto de las transformaciones experimentadas por el capitalismo contemporáneo ha desplegado Antonio Negri, a saber: que las individualidades y movimientos radicados *al interior —y no en su exterior—* del sistema productivo capitalista serían los llamados a constituir una gran multitud que se erija como una alternativa revolucionaria al sistema capitalista global.

No se trata, me parece a mí, de un ejercicio forzado. El esfuerzo teórico de Marcuse se entronca con el de Negri por el énfasis que ambos han puesto en observar la transformación experimentada por el trabajo en el capitalismo que cada uno analiza. En dicha óptica, ambos han coincidido en rescatar la intuición de Marx formulada en aquel pasaje clásico de los *Grundrisse*, en donde Marx dice: "Conforme avanza la industria en gran escala, la creación de la riqueza real depende menos del tiempo de trabajo y la cantidad de trabajo invertida que del poder de los agentes puestos en acción durante el tiempo de trabajo" (Marx 1973: 596).

Marcuse y Negri han leído ahí una observación sustantiva que apunta al fondo del cambio cualitativo del capitalismo avanzado, a saber: con la introducción de la tecnología, la medición del rendimiento individual del trabajador deviene en imposible. Así, Marcuse reflexionará:

> "Hoy la automatización parece alterar cualitativamente la relación entre el trabajo muerto y el vivo; tiende hacia el punto en que la productividad es determinada 'por las máquinas y no por el rendimiento individual'" (Marcuse 2010a: 65).

Negri, a su vez, expresa una idea similar de la siguiente forma:

> "La fuente de producción capitalista se traslada del trabajo individual al social y por último al capital social, sobre todo en lo relativo a las innovaciones tecnológicas [...] Lo que no significa que el trabajo deje de ser la fuente creativa e innovadora de la producción y de la sociedad capitalista, sino que sencillamente el capital ha conquistado el suficiente poder como para mistificar de una nueva forma su papel" (Negri y Hardt 2003: 41).

Sin embargo, en este punto conviene ser cuidadoso pues el paralelo entre la reflexión de Marcuse y Negri comienza a bifurcarse debido a que el tipo de capitalismo que analizan se ha también modificado. Si para Marcuse la conclusión a sacar es que la transformación del trabajo al interior del capitalismo industrial avanzado da lugar al aumento del tiempo libre, no incluido en los procesos productivos salvo en cuanto nuevo campo para la industria del consumo, i.e. el ocio, para Negri la conclusión será la inversa. En efecto, en el capitalismo post-fordista, flexibilizado y globalizado –nuestro capitalismo actualmente existente que analizará Negri– no se permite ya ningún exterior de excluidos y marginados, sino por el contrario ahora todos esos marginados están *siempre incorporados inmediatamente* al sistema productivo (incluido los intelectuales, habría que agregar, y por cierto los estudiantes que son crecientemente consumidores y trabajadores en formación de su capital humano). Entonces, lo que en tiempo de Marcuse era trabajo libre ahora no es más que trabajo no remunerado, pero trabajo al fin, extendido a lo largo de la gran fábrica social que lo invisibiliza en cuanto actividad productiva.

Conviene en esto exponer con más profundidad la tesis de Negri al respecto. Su idea es que en el capitalismo contemporáneo la *subsunción formal* del trabajo por parte del capital de la que hablara Marx, ha dado paso a una *subsunción total o real*. Negri lo expone en los siguientes términos:

> "Según Marx, en la primera de estas dos fases, la subsunción formal, el proceso de trabajo es subsumido bajo el capital, es decir, queda envuelto en el interior de las relaciones capitalistas de producción de tal forma que el capital interviene como su director o su administrador. Sin embargo, en esta disposición, el capital subsume el trabajo tal y como lo encuentra; el capital se apodera de los procesos de trabajos existentes, desarrollados en modos de producción anteriores o en cualquier caso en el exterior de la producción capitalista. Esta subsunción es *formal* en la medida en que el proceso de trabajo existe dentro del capital subordinado a su mando como una *fuerza exterior importada*, nacida en el exterior del dominio del capital. El capital tiende, sin embargo, mediante la socialización de la producción y la innovación científica y tecnológica, a crear nuevos procesos de trabajo y a destruir los antiguos, transformando la situación de los diversos agentes productivos. De este modo, el capital pone en marcha un modo de producción específicamente capitalista. Así pues, la subsunción del trabajo se denomina real cuando los procesos mismos de trabajo nacen dentro del capital y por ende cuando el trabajo queda incorporado no como una fuerza externa sino interna, propia del capital mismo" (Negri y Hardt 2003: 40).

Esta tesis fuerte de Negri le permite sacar conclusiones impensadas para la lectura de la sociedad industrial avanzada analizada por Marcuse. Primero, no existe, como he dicho, para Negri un exterior al sistema productivo capitalista y sujeto, por tanto, en mayor o menor grado a las lógicas de integración social. A partir de la lectura de Negri, se descarta cualquier posibilidad de encontrar en los "marginados o privilegiados de la tierra", algún sector llamado a exponer el gran Rechazo a la sociedad de la opulencia. La razón es simple: todos estamos ya dentro del mismo juego. Segundo, ello no implica, sin embargo, que la ideología de la unidimensionalidad que Marcuse describiese como causa explicativa de la aquiescencia de la clase trabajadora en la sociedad americana esté ahora –por no existir exterioridad al sistema productivo capitalista como Negri sostiene– extendida a todos los sectores al interior de la sociedad y al exterior de ella, como producto de la globalización. Si algo pereció también con el experimento capitalista fordista y la sociedad de opulencia americana fue su ilusión de integración. Para Negri, por el contrario, la exclusión de toda ideología no parece ser tampoco la conclusión correcta. Aunque Negri no acude a dicha noción en la forma unidimensional como lo hace Marcuse para caracterizar el nuevo tipo de capitalismo de subsunción real, su descripción es al menos indicativa de que sigue existiendo una nueva "ideología ilusoria", como la llama Negri:

> "En el modo de producción específicamente capitalista, en la subsunción real, el trabajo –o inclusive la producción en general– ya no aparece como el pilar que define y sostiene la organización social capitalista. La producción asume una cualidad objetiva, como si el sistema capitalista fuera una máquina que marchara espontáneamente, un autómata capitalista. Hasta cierto punto, esta imagen representa la realización de un viejo sueño del capital: el de presentarse a sí mismo separado del trabajo, el de presentar una sociedad capitalista que no mira al trabajo como a su fundamento dinámico, rompiendo de tal suerte la dialéctica social caracterizada por el conflicto continuo entre capital y trabajo […] La imagen del mercado autónomo y el sueño de la autonomía del capital respecto al trabajo forman los pilares de la ideología capitalista contemporánea (aunque, como no tardaremos en comprobar, se trata de una ideología

ilusoria), que prescriben al análisis económico la atención exclusiva a la circulación" (Negri y Hardt 2003: 41-42).

El carácter ilusorio al que se refiere Negri es importante destacar acá. Es precisamente en dicha ilusión de un mercado autónomo del trabajo en donde anida su tesis polémica de la inminencia de la transformación capitalista. Lo que le interesa a Negri destacar es que a diferencia del capitalismo de sociedades industriales avanzadas que describiese Marcuse, hoy el capitalismo, aunque lo intente, no puede negar que basa su funcionamiento como nunca en una multitud de trabajadores pertenecientes a circuitos mayor o menormente reconocidos de producción. Más aún, hoy como nunca la proletarización, o si quiere, la configuración de un sociedad de trabajadores es absolutamente palpable. A diferencia –insisto– del capitalismo analizado por Marcuse en donde era plausible pensar privilegiados y marginados del trabajo, hoy lo que existe más bien es un trabajo flexible, o si se prefiere, una masa creciente de trabajadores pauperizados. De allí que el capital pueda ilusoriamente presentarse autónomo y también en algún sentido necesite como nunca el sueño de la autonomía del trabajo al que se refería Negri, pues, como nunca, vivimos una época histórica en el que no parece haber exterior al capital y éste depende directa e inmediatamente del trabajo. En definitiva, en el espíritu del tipo de análisis concreto de dominación capitalista existente que practicara Marcuse, la reflexión de Negri permite observar que seguiría existiendo una mistificación en el capitalismo actual. Una mistificación que quizás ya no esté alojada al nivel de las conciencias de los individuos que –como Žižek recordara– "saben bien lo que hacen", sino al nivel de la fetichizacion de sus prácticas sociales, las que aparecen revestidas de una excesiva carga simbólica (tendencias, fama, afecto, solidaridad, generosidad, etc.) que impide ver lo que realmente constituyen: trabajo no remunerado.

Ahora bien, y para concluir ¿cuáles son las consecuencias que de estos paralelos podemos sacar para una alternativa de política emancipadora que tanto Marcuse como Negri han puesto siempre como objeto primario de sus reflexiones?

Curiosamente hay algo que Marcuse y Negri sí mantienen en común, a saber: la creencia en la posibilidad actual de la transformación del capitalismo en comunismo. Para Marcuse esta es, por cierto, una posibilidad que deviene como consecuencia del nivel de desarrollo tecnológico y satisfacción de las necesidades que ha alcanzado la sociedad de capitalismo industrial avanzado. Sin embargo, como hemos visto, como consecuencia de la nueva ideología unidimensional que le acompaña, dicha posibilidad resulta precluída. Para Negri, es el tipo de organización de producción capitalista, cada vez más descentralizado, autonomizado, tecnologizado y centrado en el trabajo cognitivo lo que permitiría la emergencia de la posibilidad del comunismo. Por cierto, Negri no postula automáticamente dicha transformación, como a menudo se le ha criticado, ni tampoco excluye la lucha de articulación política para organizar dicha posibilidad. Su planeamiento se ubica a nivel de condición de posibilidad.

El punto interesante, sin embargo, a considerar al final es que tanto la lectura de Marcuse, referida al capitalismo de la década del sesenta del siglo pasado, como la de Negri direccionada al capitalismo de hoy, resultan útiles para interpretar las movilizaciones sociales de entonces y las actuales, que aunque formalmente parecidas son ciertamente distintas. Me refiero al Mayo del '68 y a las revueltas estudiantiles y olas de "indignados" que azotan el planeta en la actualidad.

Lo que quiero sugerir es que tomadas en su mérito, las lecturas de Marcuse y Negri resultan particularmente coherentes para explicar dichas movilizaciones. ¿O no es acaso el Mayo '68 un tipo de movilización de los ubicados al exterior, los privilegiados, y en seguida y gatillados por los Infra-privilegiados, todos ellos menos afectados debido a su situación de vida, por la ideología de integración social de una sociedad opulenta, como la descrita por Marcuse? ¿Y no son acaso las movilizaciones sociales actuales incluida, la de los estudiantes chilenos, todo menos una protesta de los excluidos (que ya no existen) sino –apurando un término–, más bien de los *incluidos precariamente*, todos ellos trabajadores, potenciales o actuales, como lo diría Negri?

Excurso:
La revolución estudiantil chilena del 2011[42]

Para finalizar estas lecturas de lo político, conviene aventurarse a proponer una interpretación de las movilizaciones estudiantiles que han tenido lugar en Chile desde el 2011 en adelante, y que como extensión interpretativa pudieran aplicarse también –con los resguardos debidos– a las otras movilizaciones sociales de "indignados" que azotan el planeta en la actualidad –desde Río de Janeiro hasta Ankara–.

Lo primero que conviene constatar es que las movilizaciones estudiantiles chilenas se presentan como un *acontecimiento* en el sentido que Alain Badiou le ha dado a este término, esto es, como nos recuerda Žižek:

> "[…] la idea [en Badiou] es que el acontecimiento es algo que emerge de la nada. Existe en la realidad positiva del ser lo que Badiou llama *site événementiel*, el sitio potencial del acontecimiento, pero el acontecimiento es, digamos, un acto autónomo abismal, que se fundamenta a sí mismo. El acontecimiento no se puede derivar de, ni reducir a, un determinado orden del ser" (Žižek y Daly 2004: 136).

Pero, ¿son realmente las movilizaciones estudiantiles que observamos en el Chile actual un acto autónomo abismal que no se pueden derivar de, ni reducir a un determinado orden material? Convengamos que el propio Žižek ha rechazado esta manera de entender el acontecimiento por considerarla demasiado idealista, y ha planteado en cambio lo que me parece es un punto de inicio correcto para analizar fenómenos sor-

[42] Este excurso ha sido publicado originalmente dentro del artículo "La Revolución Estudiantil Chilena 2011: Apuntes desde la Teoría Política Contemporánea, para una lucha en desarrollo", en la Revista *Debates y Combates*, Número 2, Abril de 2012, pp. 129-141, editada y distribuida por el Fondo de Cultura Económica.

prendentes, como ciertamente son las movilizaciones estudiantiles a las que me estoy refiriendo. Nos dice Žižek:

> "El problema materialista es cómo pensar la unidad del ser y el aconte-cimiento [...] cómo un acontecimiento puede emerger desde el orden del ser [...] es decir, cómo el orden del ser tiene que estar estructurado de forma tal que algo como un acontecimiento sea posible" (Žižek y Daly 2004: 137).

Me parece que esta forma de aproximarse a un fenómeno novedoso, a saber, interrogarse por la forma en que la realidad debe estar estructurada para que un acontecimiento ocurra, es una buena manera de pensar las movilizaciones estudiantiles del Chile actual. Ello, ciertamente, no su-pone negar su carácter radicalmente novedoso que pudiesen tener, sino más importante aún, permitiría evitar construir una configuración de ellas que solo realce su novedad radical. Y, por el contrario, acentué las mutaciones de la estructura productiva capitalista, y especialmente de las relaciones laborales, que tuvieron que afectar el orden de la realidad para que ellas, las movilizaciones estudiantiles, tuvieran lugar –una perspectiva que en la actualidad ha sido destacada por autores como Antonio Negri y Michael Hardt–. Al mismo tiempo, ello permitiría hacer aparecer una dimensión siempre presente en todo acontecimiento político, como lo es la lógica de la articulación en el sentido técnico que Ernesto Laclau ha dado a dicho término en varios de sus trabajos (1990; 1994; 2005b).

Ahora bien, tomadas en su mérito, las lecturas de Negri y Hardt resultan particularmente útiles para referir al contexto estructural en que las movilizaciones estudiantiles chilenas tienen lugar. En efecto, "la revolución estudiantil chilena del 2011", no puede ser considerada como una protesta de los excluidos (que ya no existen), sino apurando un término, más bien de los *incluidos precariamente*; todos ellos traba-jadores, potenciales o actuales. Como dan cuenta muchos reportes[43], el sistema educativo chileno desde su reforma estructural ocurrida en los primeros años de la década del ochenta del siglo pasado (1981), durante

---

[43] Véanse los reportes y publicaciones del Observatorio Chileno de Políticas Educativas de la Universidad de Chile, disponible en http://www.opech.cl/inv/inv.html (consultado el 20/01/2012).

la dictadura de Pinochet, se configuró siguiendo explícitamente la teoría neoliberal del "capital humano".

La teoría del "capital humano", como Foucault lo ha descrito magistralmente en su curso del Colegio de Francia, *El Nacimiento de la Biopolítica*, responde a la tendencia característica de la escuela de los llamados neoliberales americanos, que se gestan al alero de la escuela de economía de la Universidad de Chicago en la década de 1950 y 1960 comandados por autores como Theodore Schultz y Gary Becker, ganadores del premio Nobel de economía en 1979 y 1992 respectivamente, y que busca como motivo central extender la racionalidad de mercado a ámbitos considerados hasta entonces como no económicos.

Así, la teoría del "capital humano" tiene lugar como consecuencia de los esfuerzos de los economistas americanos por resituar el problema del trabajo dentro de la operatoria del mercado, no ya como un factor que vende su fuerza de trabajo para sobrevivir, si no, por el contrario, desligándolo de las lógicas de producción e intercambio, a fin de observarlo como a un sujeto definido esencialmente por su capacidad o incapacidad de tomar decisiones económicas. En tal sentido se presenta como una línea de reflexión absolutamente coherente con la ilusión de autonomía del capital que Hardt y Negri plantearan antes.

Se trata, si se quiere, de una operación peculiar de abstracción que sigue, sin embargo, la línea que Foucault observa: el liberalismo clásico había inicialmente trazado con la figura del *homo oeconomicu*. La diferencia, sin embargo, está dada por la sofisticación desplegada por los economistas americanos para concebir al trabajador como una unidad que ya no solo, y ni siquiera fundamentalmente, dispone de una cantidad de trabajo que aporta al proceso productivo, sino que de lo que dispondría es de una *condición cualitativa* que puede incrementar o decrecer, pero que en todo caso lo haría en sí mismo un generador de riqueza, tal y como cualquier capital lo es. Así como la tierra genera una renta, también lo haría el trabajador, puesto que ¿qué es fundamentalmente un trabajador –se preguntarán estos economistas– sino un "capital humano", y su remuneración, entonces, la renta que es capaz de producir de acuerdo a la rentabilidad que tenga como capital?

La idea de "capital humano" será una de las nuevas configuraciones que los neoliberales americanos atribuirán entonces al nuevo *homo oeconomicu*, que convendrá denominar ahora *homo empresario*. En efecto, la noción de empresario, y mejor aún, como Foucault lo ha destacado con originalidad, la noción de *empresario de sí mismo*, será la categoría rectora con la que funcionará la racionalidad económica del neoliberalismo americano.

No es difícil advertir las consecuencia que a nivel de prácticas gubernamentales esta categoría de *homo empresario* produce, a saber: un conjunto de intervenciones gubernamentales –desde y fuera del gobierno, conviene precisar– destinadas no solo a difundir la figura del empresario a nivel de ideario o de ideología, sino también destinadas a intervenir directamente en la configuración del "capital humano" (cualidades productivas) de los individuos considerados como población. Ello ha dado lugar a un conjunto de prácticas gubernamentales centradas en las llamadas políticas educacionales para el trabajo. Sin embargo, las intervenciones de gobierno inspiradas en la teoría del "capital humano" son mucho más amplias y se extienden a una gama de ámbitos que alcanza toda la vida del individuo. Citemos a Foucault en esto:

> "Y por último, es necesario que la vida misma del individuo –incluida la relación, por ejemplo, con su propiedad privada, su familia, su pareja, la relación con sus seguros, su jubilación– lo convierta en una suerte de empresa permanente y múltiple" (Foucault 2007a: 277).

En efecto, a los factores adquiridos del "capital humano" sobre los cuales trabajan las políticas educacionales, uno pudiera sumar también las políticas que estimulan la asunción privada de los riesgos de la vida social y del trabajo, como la salud, la capacitación, la jubilación. Al final de cuenta, si uno es un buen "empresario de sí mismo" debería ser capaz de prever y aprovisionar los ingresos suficientes para cubrir los costos y eventualidades que enfrentará en su vida como capital. Será *su* responsabilidad.

Lo anterior permite observar la "Revolución estudiantil chilena del 2011" con otra mirada, distinta de aquella que tiende a atribuirle a estas movilizaciones un carácter meramente accidental o, como se ha dicho, como expresión de un mero malestar de una "sociedad opulenta". En efecto, las movilizaciones estudiantiles del Chile actual comienzan como protestas de actores individuales (estudiantes) que rápidamente se articulan colectivamente (Federaciones de estudiantes), que lo que piden y exigen es el alivio de su situación de endeudamiento producida por créditos gravosos adquiridos para costear su educación superior universitaria[44]. Dentro de la lógica del capital humano se trata, si se quiere, de "empresarios de sí mismos" que ven colapsada su "responsabilidad" por educarse, debido al alto costo que experimentan al hacerlo. Esto es importante tenerlo en cuenta, puesto que no es verdad que, en un inicio al menos, las movilizaciones estudiantiles alcancen masividad por una adscripción ideológica a un modelo educativo alternativo al profesado por la teoría del "capital humano", sino más bien por un cierto agotamiento interno de dicho modelo educativo, que funcionó por años jalonado por sus propios usuarios, los estudiantes y sus familias, que veían en él la ilusión de forjarse como capitales productivos.

La sociedad chilena obligada, a sangre y fuego, a funcionar por más de cuarenta años dentro del neoliberalismo, y en particular, en el ámbito que analizamos, al alero de las teorías del "capital humano", ha adaptado muy funcionalmente sus actuaciones a dicho modelo. De allí que no es dable sostener que el reventón inicial de las movilizaciones estudiantiles que analizamos se deba en un medida central a la maduración de un proyecto anti-neoliberal en el seno de los movimientos sociales como creen muy optimistamente algunos, al menos no en una forma articulada o contra hegemónica. Ello no significa, por cierto, que una reacción, en la forma de resistencia *à la* Foucault, al neoliberalismo que existe hoy en Chile no haya ganado terreno en los últimos años, pero en ningún caso ello ha ocurrido como articulación de un bloque hegemónico, en el sentido que Laclau le da a este término.

Muy por el contrario, insistimos acá, la "revolución estudiantil chilena del 2011" ha sido desde el comienzo un reventón del proceso de formación del trabajador productivo, el que incrementó brutalmente sus

---

[44] Para una secuencia de los hitos más importantes que marcaron la "revolución estudiantil Chilena 2011", véase: http://www.dipity.com/Cecso/Movimiento-Estudiantil-2011/ (Consultado 06/02/2012).

costos de formación debido a factores coyunturales, tales como: la mala implementación de créditos con aval del estado (CAE) o las altas tasas de interés de los mismos. En tal sentido, lejos de ser una mera revuelta estudiantil, debe considerarse propiamente como una movilización de una sociedad inmersa en el trabajo (subsunción real), cuyos individuos ven angustiosa y gravosamente incrementada sus condiciones laborales ("capital humano") futuras (por el nivel de deuda con el que ingresarán al mercado del trabajo) y reclaman por ello.

Sin embargo, la movilización "estudiantil" (ahora entre comillas) también muestra lo rápido que una movilización de un sector social específico, gatillada por un mal funcionamiento de la ideología de la autonomía del capital, o si prefiere del totalitarismo del capital que alcanza incluso al trabajador concebido ahora como capital, puede derivar, con articulación y lucha, en una movilización que cuestione las bases mismas de un sistema educativo inscrito en la égida de la teoría del "capital humano".

En efecto, la demanda en contra del endeudamiento, aunque aún inscrita dentro de una idea de educación para el trabajo, confronta implícitamente la ideología subyacente de la auto-formación del trabajador como capital productivo. En esto es importante ver la complementariedad que los análisis de Negri-Hardt y Laclau tienen para explicar acontecimientos políticos que escapan al orden normal de las cosas, o que aparentemente no son explicados desde la perspectiva de los elementos representados en un orden establecido, a decir de Badiou.

En efecto, la "revolución estudiantil chilena del 2011" encuentra, como he dicho, en la demanda en contra del endeudamiento un significador maestro efectivo pero mutable. Se trató en una primera instancia de una demanda levantada originalmente por lo sectores estudiantiles tradicionalmente más organizados y politizados, radicados en la Federación de Estudiantes de la Universidad de Chile y a lo que se sumó esta vez la Federación de Estudiantes de la Universidad Católica, las dos más tradicionales y prestigiosas universidades de Chile. Sin embargo, esta demanda de carácter tradicionalmente económico permitió que la movilización estudiantil encontrara apoyo en el sector de los estudiantes universitarios más precarizados, pero con alto nivel de expectativas de movilidad social, que no están curiosamente en las Universidades de

Chile y Católica, sino en las Universidades de regiones y centralmente en los Institutos Profesionales (IP) y los Centros de Formación técnica (CFT). La extensión de esta demanda se explica en gran medida por el malestar que ella logró encarnar. Un malestar producido por el contraste entre las expectativas de asenso social y la frustración de dicha posibilidad que el sistema superior de educación chileno, no solo universitario sino también en el ámbito de los IP y CFT, ha generado diferenciadamente.

La realidad que se confrontaba era, por una parte, el deseo de educarse de miles de hijos de familias chilenas de clase media a fin de ascender socialmente, lo que en Chile de cuarenta años de neoliberalismo es un rezo que nadie discute, con, por otra parte, un nivel abultado de endeudamiento (que ha permitido la masividad de la educación a nivel superior). Todo ello daba lugar a situaciones tan absurdas e injustas como el que un alumno al terminar su carrera quedaba con una deuda tres veces mayor al costo ya alto de la carrera que estudiaba.

Esta demanda en contra del endeudamiento logra también encarnar la frustración material que se anida en los sectores estudiantiles secundarios, y en sus familias, que ni siquiera logran llegar a la educación superior, porque son parte de un sistema educativo segregado que los condena a una educación de mala calidad. En rigor, es en dicho sector social donde esta demanda en contra del endeudamiento hizo más carne y encontró más sentido que en el lugar donde se originó (la Universidad de Chile y la Universidad Católica, que comparativamente hablando mantienen estudiantes más privilegiados).

Ahora bien, la "revolución estudiantil chilena del 2011" también muestra un rasgo muy peculiar que en la configuración de un proceso articulario como el descrito se produce al interior de una demanda que adquiere el estatus de significador maestro, a saber: su capacidad de mutación o, si se quiere, de adecuación de su contenido particular a fin de poder encarnar una universalidad.

En efecto, la demanda en contra del endeudamiento, aunque dúctil para aglutinar en ella las frustraciones y exigencias de un sector importante y significativo de los estudiantes superiores y secundarios chilenos, así formulada –como demanda en contra del endeudamiento– no lograba aún ser un receptáculo adecuado para sumar a un tercer sector que resultó clave para la masividad inédita que alcanzaron las movilizaciones sociales en Chile durante el 2011, a saber, la opinión pública. Es por ello que fruto y al calor del proceso articulatorio, la demanda estudiantil antes descrita fue paulatinamente mutando hacia una demanda más abstracta, menos específica, y si se quiere más político-ideológica que levantaba ahora las banderas de la educación pública gratuita. Una demanda que así presentada, en su vaciedad, se erigía como un receptáculo ideal que progresivamente iba conteniendo energías discursivas antagónicas al modelo de educación de mercado y regido por las teorías del "capital humano" que domina la sociedad chilena. Ello, a su vez, comenzaba a mostrar por primera vez después de casi cinco décadas en Chile (desde 1973) –esperanzadoramente habrá que admitir– la articulación de un incipiente nuevo discurso contra-hegemónico.

Podemos así observar, para concluir, que la "revolución estudiantil chilena de 2011 no solo nos entrega motivos para adherir a una importante causa emancipadora que se está produciendo en Chile, sino además nos provee de un excelente laboratorio para observar cómo se están desplegando las luchas de articulación política en sociedades complejas como la chilena. En ello, el arsenal teórico propuesto por Negri-Hardt (la tesis de subsunción real), Foucault (la genealogía de las teorías del "capital humano") y Ernesto Laclau (las lógicas de articulación política[45]) resultan vitales para entender, tal y como lo demuestra el caso chileno, que las luchas políticas contemporáneas están directamente enraizadas en una nueva estructura de capitalismo global (la subsunción real del trabajo al capital). La que provee el marco de actuación de las lógicas articuladoras y de construcción de hegemonía sugeridas por Laclau. Un marco, valga precisarlo, que no determina "en última instancia" dichas lógicas como el viejo marxismo ortodoxo sostenía, sino muy por el contrario acrecienta su contingencia. Ello lleva incluso a mutaciones aceleradas en el carácter de los significadores maestros, como ocurre con el paso de la "demanda en contra del endeudamiento" a otra demanda por la "educación gratuita", en el caso en comento. Todo ello nos obliga a agudizar nuestros análisis, a mantener una actitud crítica con nuestros marcos teóricos, y sobre todo a realizar permanentemente "análisis

---

[45] Véase también Biglieri (2011: 91).

concretos de las situaciones concretas". Por lo demás, la situación de la "revolución estudiantil chilena del 2011" sigue abierta, como lo deberían seguir estando también nuestros análisis de lo político en las sociedades de subsunción material capitalista.

Bibliografía

Adorno, Theodor Ludwig Wiesengrund. 1955. *Prismen. Kulturkritik und Gesellschaft*. Frankfurt: Suhrkamp.

Afary, Janet y Kevin B. Anderson. 2005. *Foucault and the Iranian Revolution*. Chicago: The University of Chicago Press.

Agamben, Giorgio. 1998. *Homo Sacer, Sovereign Power and Bare Life*. Stanford, California: Stanford University Press.

—————. 2005. *State of Exception*. Chicago y London: Chicago University Press.

Amin, Ash. 1994. *Post-fordism: A Reader*. London: Blackwell Publishing.

Arditi, Benjamin y Jeremy Valentine. 1999. *Polemicization: The Contingency of the Commonplace*. New York: New York University Press.

Arendt, Hannah. 1963: *On Revolution*. London: Faber and Faber.

—————. 1965. *On Revolution*, 2ª Ed. New York: Viking Press.

—————. 1968. "What is Freedom?". En *Between Past and Future*. New York: Penguin Books, pp. 143-171 [trad. español: *Entre el pasado y el futuro: ocho ejercicios sobre la reflexión política*. Barcelona: Eds. Península, 1996].

—————. 1988. *Sobre la Revolución*. Madrid: Alianza Editorial S.A.

—————. 1990. *On Revolution*. London and New York: Penguin [trad. español: *Sobre la Revolución*. Madrid: Alianza, 2004].

—————. 2004. *The Origins of Totalitarianism*. New York: Schocken Books [trad. español: *Los orígenes del totalitarismo*. Madrid: Taurus, 2004].

Badiou, Alain. 1985. *Peut-on penser la politique?* París: Seuil [trad. español: *¿Se Puede Pensar la Política?* Buenos Aires: Nueva Visión. 1990].

—————. 1998. *Abrégé de metapolitique*. París: Seuil.

—————. 2002. *Ethics. An Essay on the Understanding of Evil*. London y New York: Verso [trad. español: *Ética. Un Ensayo sobre la conciencia del mal*. México: Herder. 2004].

—————. 2003: *Saint Paul, The Foundation of Universalism*. Standford, California: Standford University Press.

—————. 2005a. *Being and Event*. London: Continuum [versión original: *L'être et l'événement*, Paris: Editions du Seuil, 1988. Trad. español: *El ser y el acontecimiento*. Buenos Aires, Argentina: Manantial, 2003].

—————. 2005b. *Metapolitics*, London y New York: Verso.

—————. 2005c. *Infinite Thought*. London y New York: Continuum.

————. 2006. "Philosophy and Truth". En Oliver Feltham y Justin Clemens (eds.), *Badiou Infinite Thought*. London y New York: Continuum, pp. 43-51.

————. 2009a. *Logics of Worlds: Being and Event, Volumen 2*, trad. A. Toscano. New York: Continuum.

————. 2009b. *Theory of the Subject*, trad. Bruno Bosteels. New York: Continuum.

Beardsworth, Richard. 1996. *Derrida and the Political*. London y New York: Routledge.

Bellamy, Richard y Peter Baehr. 1993. "Carl Schmitt and the Contradictions of Liberal Democracy". *European Journal of Political Research* 23: 163-185.

Benjamin, Walter. 1990. *El origen del drama barroco alemán*. Madrid: Taurus. [Originalmente publicado en Alemán en 1928. "Ursprung des deutschen Trauerspiels", *Gesammelte Schriften, Band I 1*, Suhrkamp Verlag, Frankfurt, 1972-1989].

————. 1999. "Para una crítica de la violencia", en *Para una crítica de la violencia y otros ensayos*. Iluminaciones IV, Madrid: Taurus. (Originalmente publicado en Alemán en 1921. "Zur Kritik der Gewalt", *Gesammelte Schriften, Band II 1*, Suhrkamp Verlag, Frankfurt, 1972-1989).

Bensaïd, Daniel. 2004. "Alan Badiou and the Miracle of the Event". En Peter Hallward (ed.), *Think Again: Alain Badiou and the Future of Philosophy*. London: Continuum, pp. 94-105.

Biglieri, Paula. 2011. "El Enfoque Discursivo de la Política: A Propósito del Debate sobre el Pueblo como Sujeto de una Posible Política Emancipadora. Laclau, Žižek y De Ipola", *Debates y Combates*, N° 1, Noviembre de 2011: 91-111.

Blanc, Alain. 2006. "Gran Sociedad y Gran Rechazo. Herbert Marcuse y los decenios 1960-1970". En Alain Blanc y Jean-Marie Vicent (eds.), *La Recepción de la escuela de Frankfurt*. Buenos Aires: Ediciones Nueva Visión.

Bosteels, Bruno. 2004a "On the subject of the Dialectic". En Peter Hallward (ed.), *Think Again: Alain Badiou and the Future of Philosophy*. London: Continuum, pp. 150-64.

————. 2004b. "Logics of Antagonism: In the Margins of Alain Badiou's 'The Flux and the Party'", *Polygraph*, 15/16: 93-107.

Bowman, Paul y Richard Stamp. 2007. "Editor's Introduction: Is This Not Precisely… The Truth of Žižek?". En Paul Bowman y Richard Stamp (eds.), *The Truth of Žižek*. London y New York: Continuum, pp.1-8.

Butler, Judith, Ernesto Laclau y Slavoj Žižek. 2000. *Contingency, Hegemony, Universality*, London y New York: Verso.

Butler, Rex. 2005. *Slavoj Žižek, Live Theory*. London: Continuum.

Castro, Edgardo. 2011. *Lecturas Foucaultianas. Una historia conceptual de la biopolítica*. La Plata, Argentina: UNIPE, Editorial Universitaria.

Connolly. William E. 1991. *Identity/Difference. Democratic Negotiations of Political Paradox*. Ithaca, N.Y.: Cornell University Press.

————. 1993. "Democracy and contingency". En J.H. Carens (ed.), *Democracy and Possessive Individualism. The Intellectual Legacy of C. B. Macpherson*. Albany: State University of New York Press, pp. 193-219.

————. 1995. *The Ethos of Pluralization*. Minneapolis y Londres: University of Minnesota Press.

Copernicus, Nicolaus. 1543. *De Revolutionibus Orbium Coelestium* [*On the Revolutions of the Heavenly Spheres*]. Norimbergae: apud Ioh. Petreium, 6, 196 numbered leaves, tables, diagrams. Disponible on-line: http://ads.harvard. edu/books/1543droc.book/

Cooper, Melinda. 2008. *Life as Surplus: Biotechnology and Capitalism in the Neo-liberal Era*. Seattle: University of Washington Press.

Critchley, Simon. 2005. "True democracy: Marx, political subjectivity and anarchic meta-politics". En Lars Tønder y Lasse Thomassen (eds.), *Radical democracy, Politics between abundance and lack*. Manchester y New York: Manchester University Press, pp. 219-235.

————. 2007. "Foreword: Why Žižek Must Be Defended?". En Paul Bowman y Richard Stamp (eds.), *The Truth of Žižek*. London y New York: Continuum, pp. xi-xvi.

Dean, Jodi. 2006. *Žižek's Politics*. New York: Routledge.

Derrida, Jacques 1974. *Of Grammatology*. Baltimore, Md: The Johns Hopkins University Press [Version Original: *De La Grammatologie*, Paris: Editions de Minuit, 1997. Trad. español: *De la gramatología*. México: Siglo Veintiuno Editores, 2000].

————. 1997. *The Politics of Friendship*. London y New York: Verso.

Devenney, Mark. 2007. "Žižek's Passion for the Real: The Real of Terror; The Terror of the Real". En Paul Bowman y Richard Stamp (eds.), *The Truth of Žižek*. London y New York: Continuum, pp. 45-60.

Dillon, Michael. 1996. *Politics of Security: Towards a Political Philosophy of Continental Thought*. London and New York: Routledge.

Dworkin, Ronald. 1986: *Law's Empire*. Cambridge, Mass.: Harvard University Press.

————. 1992. *El imperio de la justicia*. Barcelona: Editorial Gedisa.

Esposito, Roberto. 2008. *Bios: Biopolitics and Philosophy*. Minneapolis: University of Minnesota Press.

Eagleton, Terry. 1991. *Ideology, an introduction*. London: Verso.

Filmer, Robert. 1991. "Observations upon Aristotle's Politiques". En Johann Sommerville (ed.), *Patriarchia and Other Writings*. Cambridge: Cambridge University Press.

Foucault, M. 1976. *Vigilar y Castigar*. Madrid: Siglo XXI Editores.

————. 1977a [1976] *Historia de la sexualidad vol. I. La voluntad de Saber*. Madrid: Siglo XXI Editores.

————. 1977b. *Discipline and Punish. Birth of the Prison*. London: Allen Lane y New York: Panteón.

————. 1990a. "Verdad, individuo y poder, una entrevista con Michel Foucault". En Manuel Cruz (compilador), *Tecnologías del yo, y otros textos afines de Michel Foucault*. Barcelona, Buenos Aires y México: Ediciones Paidós Ibérica, S.A., pp. 141-150

————. 1990b. *The History of Sexuality. Volume I: An Introduction*. Traducido por R. Hurley. New York: Vintage Books.

————. 1994. *Dits et écrits, III-IV*. Paris: Gallimard.

————. 2000ª. *Los Anormales, Curso en el Collège de France (1974-1975)*. Buenos Aires: Fondo de Cultura Económica.

————. 2000b. *Defender la Sociedad, Curso en el Collège de France (1975-1976)*. Buenos Aires: Fondo de Cultura Económica.

————. 2001. *La Hermenéutica del Sujeto*. Buenos Aires: Fondo de Cultura Económico.

————. 2002a. "The Subject and Power" [1982]. En James D. Faubion (ed.), *Power: Essential Works of Foucault 1954-1984*. Vol. 3. London: Penguin, pp. 326-49.

————. 2002b. *Vigilar y castigar. Nacimiento de la prisión*. Buenos Aires: Siglo XXI Editores.

————. 2005a. "Iran: the Spirit of a World without Spirit". En Janet Afary y Kevin Anderson (eds.), *Foucault and the Iranian Revolution: Gender and the Seductions of Islamism*. Chicago: University of Chicago Press, pp. 250-260.

————. 2005b. "Is it Useless to Revolt?". En Janet Afary y Kevin Anderson (eds.), *Foucault and the Iranian Revolution: Gender and the Seductions of Islamism*. Chicago: University of Chicago Press, pp. 263-266.

————. 2005c. *El Poder Psiquiátrico, Curso en el Collège de France (1973-1974)*. Buenos Aires: Fondo de Cultura Económica.

————. 2006. *Seguridad, territorio, población. Curso en el Collège de France: 1977-1978*. Buenos Aires: Fondo de Cultura Económica.

————. 2007a. *Nacimiento de la biopolítica. Curso en el Collège de France: 1978-1979*. Buenos Aires: Fondo de Cultura Económica.

————. 2007b. *Security, Territory, Population, Lectures at the Collège de France, 1977-1978*. Hampshire and New York: Palgrave Macmillan.

Fuller, Lon L. 1967. *La moral del derecho*. México: Trillas.

Gallie, Walter Bryce. 1955-56. "Essentially contested concepts", *Proceeding of the Aristotelian Society* (56), pp. 121-146.

Feenberg, Andrew. 1996. "Marcuse or Habermas: Two Critiques of Technology", *Inquiry* 39: 45-70.

Franklin, Sarah. 1995. "Life". En W. T. Reich (ed.) *The Encyclopedia of Bioethics*, Revised Edition. New York: Simon and Schuster.

————. 2000. "Life Itself: Global Nature and the Genetic Imaginary". En S. Franklin, C. Lury y J. Stacey (eds.), *Global Nature, Global Culture*. London: Sage.

————. 2005. "Stem Cells R Us: Emergent Life Forms and the Global Biological". En A. Ong y S. J. Collier (eds.), *Global Assemblages: Technology, Politics, and Ethics as Anthropological Problems*. Malden, Mass.: Blackwell Publishing.

Freud, Sigmund. 1920. "Sobre la psicogénesis de un caso de homosexualidad femenina". En Sigmund Freud, *Obras Completas*, Tomo XVIII. Buenos Aires-Madrid: Amorrortu, pp. 137-164.

————. 1934 [1932]. "Nuevas aportaciones al psicoanálisis". Conferencia No. XXXIII. Madrid: Biblioteca Nueva.

————. 2013 [1922]. "Moisés y la religión monoteísta: tres ensayos". En Sigmund Freud, *Obras Completas*, Tomo XXIV. Madrid: Siglo Veintiuno.

García Linera, Álvaro. 2008. *Las Vías de la Emancipación, Conversaciones con Álvaro García Linera*. México: Editorial Ocean Sur.

————. 2009. *La potencia plebeya: acción colectiva e identidades indígenas, obreras y populares en Bolivia*. Bogota: CLACSO. Siglo del Hombre. Disponible on-line: (http://bibliotecavirtual.clacso.org.ar/ar/libros/coedicion/linera).

Gramsci, Antonio. 1977. "The Revolution against Capital". En David Forgacs (ed.), *A Gramsci Reader*. London: Lawrence and Wishart.

Gasché, Rodolphe. 1986. *The Tain of the Mirror. Derrida and the Philosophy of Reflection*. Cambridge, Mass: Harvard University Press.

Gaudichaud, Franck. 2004. *Poder Popular y Cordones Industriales. Testimonios sobre la dinámica del movimiento popular urbano durante el gobierno de Salvador Allende*. Santiago, Chile: Lom-DIBAM.

Gorz, André. 1970. "El hombre unidimensional de Marcuse". En Marcuse/Mallet, Gorz y otros (eds.), *Marcuse ante sus críticos*. México: Editorial Grijalbo, pp. 97-112.

Habermas, Jürgen. 1982. "A Reply to My Critics". En J.B. Thompson y D. Held (eds.), *Habermas Critical Debates*. London: The Macmillan Press Ltd, 219–283.

————. 1987. *The Philosophical Discourse of Modernity: Twelve Lectures*. Cambridge: MIT Press.

————. 1990. *Profils philosophiques*. Paris: Gallimard.

————. 1992. *The Horror of Autonomy: Carl Schmitt in English*. En *The New Conservatism*. Cambridge: MIT Press, pp. 128-139.

————. 1994. "Le besoin d'une continuité allemande. Carl Schmitt dans l'histoire des idées politique de la RFA", *Les temps moderns*, N° 575 (Junio), pp. 26-35.

—————. 1996. *Between Facts and Norms*. Cambridge: Polity Press.

—————. 1999. *The Inclusion of the Other: Studies in Political Theory*. Cambridge: Polity Press.

—————. 2001. "Constitutional Democracy: A Paradoxical Union of Contradictory Principles?", *Political Theory* 29, N° 6: 766-781.

—————. 2003. "On Law and Disagreement. Some Comments on 'Interpretative Pluralism'", *Ratio Juris* 16: 187-194.

Hallward, Peter. 2003. *Badiou, a Subject to Truth*. London y Minnesota: University of Minnesota Press.

Harrington, James. 1992. *The Commonwealth of Oceana and A System of Politics*. Cambridge: Cambridge University Press.

Hart, Herbert Lionel Adolphus. 1961. *The Concept of Law*. Oxford: Oxford University Press.

Harvey, David. 2010. *The Enigma of Capital, And the Crisis of Capitalism*. London: Profile Books.

Hill, Bridget. 1986: *The First English Feminist: Reflection upon Marriage and other writings by Mary Astell*. Aldershot: Gower.

Hobbes, Thomas. 1966a. "De Cive". En Thomas Hobbes, *The English Works of Thomas Hobbes*, vol. 2. Darmstadt: Scientia Verlag Aalen.

—————. 1966b. "Leviathan". En Thomas Hobbes, *The English Works of Thomas Hobbes*, vol. 3. Darmstadt: Scientia Verlag Aalen.

—————. 1984. *Leviatán I*, Sarpe: Madrid.

—————. 1994. *The Elements of natural Law and Politics*, ed. J.C.A. Gaskin, t. 2. Oxford: Oxford University Press.

Holmes, Stephen. 1993. *The Anatomy of Antiliberalism*. Cambridge: Harvard University Press.

Honneth, Axel. 2004. "A social pathology of reason on the intellectual legacy of Critical Theory". En Fred Rush (ed.), *The Cambridge Companion to Critical Theory*. Cambridge: Cambridge University Press, pp. 336-360.

Honing, Bonnie. 2001. *Democracy and the Foreigner*. Princeton, N. J.: Princeton University Press.

Johnston, Adrian. 2007a. "From the Spectacular Act to the Vanishing Act: Badiou, Žižek, and the Politics of Lacanian Theory". En *Did Somebody say Ideology*, editado por Fabio Vighi y Heiko Feldner. Newcastle: Cambridge Scholars Publishing, pp. 39-77.

—————. 2007b. *Žižek's Ontology: A Transcendental Materialist Theory of Subjectivity*. Evanston: Northwestern University Press.

Kant, Immanuel. 1952. "Il concetto delle quantita negative". En *Scritti precritid*. Bari, pp. 268-269.

Kay, Sarah. 2003. *Žižek, A Critical Introduction*. Cambridge: Polity Press.

Kennedy, Ellen. 1987. "Carl Schmitt and the Frankfurt School", *Telos* 71 (Primavera), pp. 37-66.

Lacan, Jacques. 1962-63. *Le Séminaire, Livre X. L'angoisse,* no publicado [trad. español: *El Seminario Libro X, La Angustia.* Buenos Aires: Paidós, 1992].

—————. 1970. *Le Séminaire, Livre XVIII. D'un discours qui ne serait pas du semblant, 1979-71,* no publicado [Trad. español: *El Seminario Libro XVIII, De un discurso que no fuera del semblante.* Buenos Aires: Paidós, 1992].

—————. 1973. *Télevision.* Paris: Seuil.

—————. 1975. *Le Séminaire, Livre XX Encore, 1962-63,* editado por Jacques-Alain Miller. Paris: Seuil [trad. español: *El Seminario Libro XX, Aun.* Buenos Aires: Paidós, 1992].

—————. 1977. *The Seminar. Book XI. The Four Fundamental Concepts of Psychoanalysis.* London: Hogarth Press and the Institute of Psycho-Analysis [Versión original: *Le séminaire, Livre XI: Les quatre concepts fondamentaux de la psychanalyse, 1964,* texto editado por Jacques-Alain Miller. Paris: Seuil, 1973; trad. español: *El Seminario Libro XI, Los cuatro conceptos fundamentales del Psicoanálisis.* Buenos Aires: Paidós, 1992].

—————. 1992. *The Seminar of Jacques Lacan, Book VII: The Ethics of Psychoanalysis, 1959-1960,* editado por Jacques-Alain Miller. New York: W.W. Norton [Versión original: *Le séminaire, Livre VII: L'éthique de la psychanalyse, 1959-1960,* texto editado por Jacques-Alain Miller. Paris: Seuil, 1986; trad. español: *El Seminario Libro 7, La Ética del Psicoanálisis.* Buenos Aires: Paidós, 1992].

—————. 2001. *Le Séminaire de Jacques Lacan, Livre VIII: Le transfert, 1960-61,* editado por Jacques-Alain Miller. Paris: Éditions du Seuil [trad. español: *El Seminario Libro 8, La Transferencia.* Buenos Aires: Paidós, 1992].

Lacoue-Labarthe, Philippe y Jean-Luc Nancy. 1997. *Retreating the Political,* ed. Simon Sparks. London y New York: Routledge.

Laclau, Ernesto. 1990. *Nuevas reflexiones sobre la revolución de nuestro tiempo.* Buenos Aires: Nueva Visión.

—————. 1994. "¿Por qué los significantes vacíos son importantes para la política?". En Ernesto Laclau, *Emancipación y diferencia.* Buenos Aires: Ariel, pp. 69-86.

—————. 2004. "Glimpsing the Future: A Reply". En Simon Critchley y Oliver Marchart (comps.), *Laclau: A critical Reader.* Londres: Routledge, pp. 279-328 [trad. esp.: 2008a. "Atisbando el Futuro". En Simon Critchley y Oliver Marchart (comps.), *Laclau. Aproximaciones críticas a su obra.* Buenos Aires: Fondo de Cultura Económica, pp. 347-404].

—————. 2005a. "The future of radical democracy". En *Radical democracy, Politics between abundance and lack,* editado por Lars Tønder y Lasse Thomassen. Manchester y New York: Manchester University Press, pp. 256-262.

—————. 2005b. *La razón populista.* Buenos Aires: Fondo de Cultura Económica.

————. 2008b. *Debates y Combates, Por un nuevo horizonte de la política*. Buenos Aires: Fondo de Cultura Económica.

Laclau, Ernesto y Chantal Mouffe. 1985. *Hegemony and socialist strategy. Towards a radical democratic politics*. Londres y Nueva York: Verso [trad. esp.: *Hegemonía y estrategia socialista. Hacia una radicalización de la democracia*. 2004. Buenos Aires: Fondo de Cultura Económica. 2ed. edición].

Larraín, Jorge. 1979. *The Concept of Ideology*. London: Hutchinson University Library.

————. 1983. *Marxism and Ideology*. London: The Macmillan Press Ltd.

Lefort, Claude. 1988. *Democracy and Political Theory*. Minneapolis, MN: Minnesota University Press.

Lemke, Thomas. 2007. *Biopolitik zur Einführung*. Hamburg: Junius Verlag.

Lemke, T., M. J. Casper, y L. J. Moore. 2011. *Biopolitics: An Advanced Introduction. Biopolitics: Medicine, Technoscience, and Health in the 21st Century*. New York: NYU Press.

Locke, John. 1997: "Segundo ensayo sobre el gobierno civil". En John Locke, *Dos Ensayo sobre el gobierno civil*, Joaquín Abellán (ed.). Madrid: Espasa Calpe S.A., pp. 201-384.

Macherey, Pierre. 2004. "Présentation", Cithéphilo, Palais des Beaux-Arts, Lille, 19 November.

Madison, James, Hamilton, Alexander y John Jay. 2001. *El Federalista*. México: Fondo de Cultura Económica.

Marchart, Oliver. 2005. "Nothing but a Truth: Alain Badiou's 'Philosophy of Politics' and the Left Heideggerians", *Polygraph*, 17: 105-25.

————. 2007. "Acting and the Act: On Slavoj Žižek's Political Ontology". En Paul Bowman y Richard Stamp (eds.), *The Truth of Žižek*. London y New York: Continuum, pp. 99-116.

————. 2009. *El Pensamiento Político Posfundacional, La diferencia política en Nancy, Lefort, Badiou y Laclau*. Buenos Aires: Fondo de Cultura Económica.

Marcuse, Herbert. 1964. *One-dimensional Man*. London y New York: Routledge & Kegan Ltd.

————. 1965 [1955]. *Eros y Civilización*. Barcelona: Editorial Ariel.

————. 1968a. *Negations*. Boston: Beacon.

————. 1968b. *El Final de la Utopía*. Barcelona: Ariel.

————. 1971 [1958]. *El Marxismo Soviético*. Madrid: Alianza Editorial

————. 2007 [1978]. *La dimensión estética. Crítica de la ortodoxia marxista*, Madrid: Biblioteca Nueva.

————. 2010a. "Prefacio a la edición francesa". En Herbert Marcuse, *El Hombre Unidimensional*. Barcelona: Ariel.

————. 2010b [1941]. *Razón y Revolución. Hegel y el surgimiento de la teoría social*. Madrid: Alianza Editorial.

Marx, Karl. 1973. *Los Fundamentos de la Economía Política*, trad. Alberto Corazón. Madrid: Siglo XXI.

Mayol, Alberto. 2003. "La Tecnocracia: el falso profeta de la Modernidad". *Revista de Sociología* 17:95–123.

Meier, Heinrich. 1995. *Carl Schmitt and Leo Strauss: The Hidden Dialogue*. Chicago: Chicago University Press.

———. 2003. *Carl Schmitt, Leo Strauss and "The Concept of the Political"*. Chicago: Chicago University Press.

Montesquieu, Charles de Secondat, Barón de la Bréde y de. 1972. *Del espíritu de las leyes*. Madrid: Tecnos.

Mouffe, Chantal. 1993. *The Return of the Political*. London y New York: Verso [trad. esp.: 1999. *El Retorno de lo Político, Comunidad, ciudadanía, pluralismo, democracia radical*. Barcelona: Ediciones Paidós Ibérica].

———. 2000. *The Democratic Paradox*. Londres y Nueva York: Verso [trad. esp.: 2003. *La Paradoja Democrática*. Barcelona: Gedisa].

———. 2005a. *On the Political*. Abingdon y New York: Routledge [trad. esp.: 2007. *En torno a lo Político*. Buenos Aires: Fondo de Cultura Económica].

———. 2005b. "For an agonistic public sphere". En *Radical democracy, Politics between abundance and lack*, editado por Lars Tønder y Lasse Thomassen. Manchester and New York: Manchester University Press, pp. 123-132.

Moulian, Tomás. 1998. *El Consumo me Consume*. Santiago: Lom Ediciones.

Nedham, Marchamont. 1656. *The Excellencie of a Free State* (Disponible on-line, http://www.constitution.org/cmt/nedham/free-state.htm/ (consultada 20 de Agosto de 2009).

Negri, Antonio. 1994. *El Poder Constituyente, Ensayos sobre las alternativas de la modernidad*. Madrid: Libertarias/Prodhufi S.A., Madrid.

Negri, Antonio y Michael Hardt. 2000. *Empire*. Cambridge, Massachusetts: Harvard University Press.

———. 2003. *El Trabajo de Dionisio*. Madrid: Ediciones Akal.

———. 2004. *Multitude*. London: Hamish Hamilton.

———. 2009. *Commonwealth*. Cambridge, Massachusetts: Harvard University Press.

Palmier, Jean-Michel. 1968. *Sur Marcuse*. París, 10-18, UGE.

Parker, Ian. 2004. *Slavoj Žižek, A Critical Introduction*. London, Sterling, Virginia: Pluto Press.

Pettit, Philip. 1997: *Republicanism, A Theory of Freedom and Government*. Oxford: Oxford University Press.

Pfaller, Robert. 2005. "Where is your Hamster?, The Concept of Ideology in Žižek's Cultural Theory". En Geoff Boucher, Jason Glynos y Matthew Sharpe (eds.), *Traversing the Fantasy, critical responses to Slavoj Žižek*. Aldershot: Ashgate, pp-105-122.

Pound, Marcus. 2008. *Žižek, A (very) Critical Introduction*. Michigan and Cambridge, UK: William B. Eerdmans Publishing.

Rancière, Jacques. 2007. *En los bordes de lo político*. México: La Cebra [versión original: *On the Shores of Politics*. London y New York: Verso, 1995].

Raz, Joseph. 1985. *La Autoridad del Derecho. Ensayos sobre Derecho y Moral*, 2ª. Edición. México: Universidad Nacional Autónoma de México.

Revista *Actuel Marx*, "Intervenciones: La deconstrucción y el retorno de lo político", N° 3/Primer Semestre 2005.

Revista *Telos*, N° 71, Primavera 1987.

Ricœur, Paul. 1965. "The Political Paradox". En *History and Truth*. Evanston: Northwestern University Press, pp.247-270 [trad. español: "La Paradoja Política". En *Historia y Verdad*. Madrid: Encuentro. 1990].

Rosanvallon, Pierre. 2003. *Por una Historia Conceptual de lo Político*. Buenos Aires: Fondo de Cultura Económica.

Rose, Nikolas. 1985. *The psychological complex: Psychology, politics and society in England, 1869–1939*. London: Routledge and Kegan Paul.

———. 1989. *Governing the soul: The shaping of the private self*. London: Routledge.

———. 1996. *Inventing our selves: Psychology, power, and personhood*. New York: Cambridge University Press.

———. 1999. *Powers of freedom: Reframing political thought*. Cambridge: Cambridge University Press.

———. 2007. *The Politics of Life Itself: Biomedicine, Power and Subjectivity in the Twenty-first Century*. Princeton, NJ: Princeton University Press.

Rose, Nikolas y Carlos Novas. 2004. "Biological Citizenship". En A. Ong y S. Collier (eds.) *Blackwell Companion to Global Anthropology*. Oxford: Blackwell.

Rose, Nikolas y Peter Miller. 2008. *Governing the Present: administering economic, social and personal life*. Cambridge: Polity.

Rose, Nikolas y Joelle. M. Abi-Rached. 2013. *Neuro: The New Brain Sciences and the Management of the Mind*. Princeton: Princeton University Press.

Rosenzweig, Franz. 1985. *The Star of Redemption*. Notre Dame: University of Notre Dame.

Rossiter, Clinton. 1956. *The First American Revolution*. New York: Harcourt Brace.

San Pablo. 2003. "Carta a los Romanos". En *Biblia Bilingüe*. Brasil: Sociedades Bíblicas Unidas, pp. 1496-1518.

Sartre, Jean-Paul. 1960. *Critique de la raison dialectique*, tomo I. París: Gallimard.

Sartori, Giovanni. 1989. "The Essence of the Political in Carl Schmitt". *Journal of Theoretical Politics* I, no. 1: 69-75.

Schwab, George. 1989. *The Challenge of the Exception*. 2ed. Edición. Nueva York: Greenwood Press.

Sejesterd, Francis. 1998. "Democracy and the rule of law". En Jon Elster y Rune Slagstad, *Constitutionalism and Democracy*. Cambridge: Cambridge University Press, pp. 131-152.

Sellin, Volker. 1978. "Politik". En Otto Brunner (ed.), *Geschichtliche Grundbegriffe*, vol. 4. Stuttgart: Klett, pp. 789-874.

Silva, Miguel. 1999. *Los Cordones Industriales y el Socialismo desde Abajo*. Santiago: n. editor.

Schmitt, Carl. 1996. *The Concept of the Political*. Chicago: University of Chicago Press [originalmente publicado en Alemán en 1927. *Der Begriff des Politischen*. München: Duncker & Humblot; trad. español: *El Concepto de lo Político*. Madrid: Alianza Editorial, 1991].

—————. 2005. *Political Theology, Four Chapters on the concept of Sovereignty*. Chicago y London: Chicago University Press.

—————. 2008. *Constitutional Theory*. Durham y London: Duke University Press.

Sharpe, Matthew y Geoff Boucher. 2010. *Žižek and Politics, a critical introduction*. Edinburgh: Edinburgh University Press.

Shklar, Judith. 1998. "Political Theory and Rule of law". En S. Hoffman (ed), *Political Thought and Political Thinkers*. Chicago: Chicago University Press, pp. 21-37.

Slagstad, Rune. 1988. "Liberal Constitucionalism and its Critics". En Elster, Jon y Rune Slagstad, *Constitutionalism and Democracy*. Cambridge: Cambridge University Press, pp. 103-129.

Sloterdijk, Peter. 1989. *Critique of Cynical Reason*. Minnesota: University of Minnesota Press.

Stavrakakis, Yannis. 1999. *Lacan and the Political*. London Routledge [trad. español: *Lacan y lo político*. Buenos Aires: Prometeo Libros, 2007].

Strauss, Leo. 1996. "Notes on Carl Schmitt, The Concept of the Political". En *The Concept of the Political*, Carl Schmitt. Chicago: University of Chicago Press, 97-122.

Tocqueville, Alexis de. 1953. "L'Ancien Régime et la Révolution (1856)", *Oeuvres Complètes*, Paris: Gallimard.

Tully, James. 1989. "Wittgenstein and political philosophy: understanding practices of critical reflection", *Political Theory* 17, n° 2, pp. 172-204.

—————. 1995. *Strange Multiplicity. Constitutionalism in an Age of Diversity*. Cambridge: Cambridge University Press.

Vatter, Miguel. 2009. "Biopolitics: From Surplus Value to Surplus Life", *Theory & Event*, Volume 12, Issue 2. (Disponible on- line: http://www.biopolitica.cl/docs/vatter_biopolitics.pdf)

Virno, Paolo. 2003. *Gramática de la multitud. Para un análisis de las formas de vida contemporáneas*. Ediciones Colihue: Buenos Aires.

Vollrath, Ernst. 1989. "Politisch, das Politische". En Gründer (comps.), *Historisches Wörterbuch der Philosophie*, editado por J. Ritter y K. Gründer. Basilea: Schwabe & Co., pp. 1071-1075.

Weber, Samuel. 1992. "Taking Exception to Decision: Walter Benjamin and Carl Schmitt", *Diacritics* 22, n° 3-4 (Otoño-Invierno), pp. 5-18.

Wellmer, Albrecht. 2000. "Arendt on revolution". *The Cambridge Companion to Hannah Arendt*. Cambridge: Cambridge University Press, pp. 220-241.

Wiatr, Jerzy. 1970. "Herbert Marcuse, filósofo de un radicalismo desorientador". En Marcuse/Mallet, Gorz y otros, *Marcuse ante sus críticos*. México: Editorial Grijalbo.

Williams, James. 2000. *Lyotard and the Political*. London y New York: Routledge.

Wolin, Richard. 1992. "Carl Schmitt, the Conservative Revolutionary: Habitus and the Aesthetic of Horror", *Political Theory*, 20 n° 3 (Agosto), pp. 424-447.

Zavaleta Mercado, René. 1983. "Las Masas en Noviembre". *Bolivia Hoy*. México: Siglo Veintiuno Editores.

—————. 1986. *Lo Nacional-Popular en Bolivia*. México: Siglo Veintiuno Editores.

Žižek, Slavoj. 1989. *The Sublime Object of Ideology*. London y New York: Verso [trad. español: *El sublime objeto de la ideología*. México: Siglo XXI, 1992].

—————. 1991. *For They Know Not What The Do: Enjoyment as a Political Factor*. London: Verso [trad. español: *Porque no saben lo que hacen. El goce como factor político*. Buenos Aires: Paidós, 1998].

—————. 1994. "Introduction". En Slavoj Žižek (ed.), *Mapping Ideologies*. London y New York: Verso, pp. 1-33 [trad. español: *Ideología. Un mapa de la cuestión*. Buenos Aires: Fondo de Cultura Económica, 2003].

—————. 1996. *The Invisible Remainder*. London: Verso.

—————. 1997. *The Plague of Fantasies*. London: Verso [trad. español: *El acoso de las fantasías*. México: Siglo XXI, 1999].

—————. 1998. "Four Discourses, Four Subjects". En Slavoj Žižek (ed.), *Cogito and the Unconscious*. Durham y London: Duke University Press, pp. 74-113.

—————. 1999a. *The Ticklish Subject: The Absent Centre of Political Ontology*. London: Verso [trad. español: *El espinoso sujeto. El centro ausente de la ontología política*. Buenos Aires: Paidós, 2001].

—————. 1999b. "The Undergrowth of Enjoyment: How Popular Culture Can Serve as an Introduction to Lacan?". En Elizabeth Wright y Edmond Wright (eds.), *The Žižek Reader*. Oxford: Blackwell Publishing, pp.11-36 [publicado originalmente en *New Formations*, Vol. 9 (1989), pp. 7-29].

—————. 2000a. "Class Struggle or Postmodernism? Yes Please!". En Butler, Judith, Ernesto Laclau y Slavoj Žižek. *Contingency, Hegemony, Universality, Contemporary Dialogues on the Left*. London y New York: Verso, pp. 90-135 [trad. español: *Contingencia, Hegemonía, Universalidad*. Buenos Aires: Fondo de Cultura Económica, 2003].

—————. 2000b. "Melancholy and the Act". *Critical Inquiry* 23 (Summer), pp. 657-681.

—————. 2000c. "From Proto Reality to the Act". *Angelaki: Journal of Theoretical Humanities* 5, pp. 141-148.

—————. 2001. *On Belief*. New York: Routledge.

—————. 2002. "Afterword Lenin's Choice". En *Revolution at the Gates: Selected Writings of Lenin from 1917*. London: Verso, pp. 165-336.

—————. 2003. *The Puppet and the Dwarf: The Perverse Core of Christianity*. Cambridge: MIT Press [trad. español: *El títere y el enano. El núcleo perverso del cristianismo*. Buenos Aires: Paidós, 2005].

—————. 2004a. *Organs without Bodies: On Deleuze and Consequences*. New York: Routledge [trad. español: *Órganos sin cuerpo*. Valencia: Pre-textos, 2006].

—————. 2004b. *Iraq, The Borrowed Kettle*. London: Verso.

—————. 2005. "Between Symbolic Fiction and Fantasmatic Spectre: Towards a Lacanian Theory of Ideology". En Rex Butler y Scott Stephens (eds.), *Slavoj Žižek, Interrogating the Real*. London y New York: Continuum, pp. 249-270.

—————. 2006. *The Parallax View*. Cambridge: MIT Press [trad. español: *Visión de Paralaje*. Buenos Aires: Fondo de Cultura Económica, 2006].

—————. 2007. "Afterword: With Defenders Like These Who Needs Attackers?". En Paul Bowman y Richard Stamp (eds.), *The Truth of Zizek*. London y New York: Continuum, pp. 197-255.

—————. 2008a. *In Defense of Lost Causes*. London y New York: Verso.

—————. 2008b. *Violence, Six Sideways Reflections*. London: Profile Books Ltda. [trad. español: *Sobre la violencia. Seis reflexiones marginales*. Buenos Aires: Paidós, 2009].

Žižek, Slavoj y Glyn Daly. 2004. *Conversations with Žižek*. Cambridge: Polity Press [trad. español: *Arriesgar lo imposible. Conversaciones con Glyn Daly*. Madrid: Editorial Trotta, 2005].